ACCÈS AU CRÉDIT IMMOBILIER EN CÔTE D'IVOIRE

Erreurs à éviter et conseils pratiques

Mohamed OUATTARA

ACCÈS AU CRÉDIT IMMOBILIER EN CÔTE D'IVOIRE

Erreurs à éviter et conseils pratiques

Préfaces de Guillaume LIBY et de L. Kader DIALLO

Postfaces de Lucien CAMARA et de Issiaka KONE

L'Harmattan
Côte d'Ivoire

5-7, rue de l'École-Polytechnique ; 75 005 Paris

www.editions-harmattan.fr

ISBN : 978-2-336-46768-9
EAN : 9782336467689

DEDICACES

*À mon regretté père **Assehou OUATTARA**, 30ème Chef du Canton de Kong (Région du Tchologo, nord de la Côte d'Ivoire), rappelé à DIEU le 31 mars 2020. Que le Paradis soit ta dernière demeure, papa. Amine.*

*À ma regrettée mère **Matoma Yvonne DIBO**, très tôt arrachée à mon affection, le 24 mai 2003. Que le Paradis soit ta dernière demeure, maman. Amine.*

*À ma merveilleuse épouse **Florence Pélagie née KIMOU**, ainsi qu'à nos adorables enfants :*

***Matoma Nourah** ;*

***Mayéri Néïla** ;*

***Madjara Kamélia** et*

***Assehou Malick**.*

*À tous mes frères, sœurs, parents et beaux-parents des familles **OUATTARA, DIBO et KIMOU.***

Je vous aime.

MESSAGE A L'ATTENTION DU LECTEUR

Le dicton populaire ivoirien nous enseigne qu'il "faut souffrir pour réussir".

Mais en capitalisant sur les échecs de parcours des devanciers, tu peux réussir sans souffrir. Tel est l'objectif de ce partage d'expériences, inspiré d'une histoire réelle.

Bonne lecture.

Les opinions exprimées dans cette œuvre sont faites à titre personnel et n'engagent pas la Banque Centrale des États de l'Afrique de l'Ouest (BCEAO).

Mohamed OUATTARA

San-Pedro, le 07 août 2022

DEDICACE SPÉCIALE À SEM ALASSANE OUATTARA, PRÉSIDENT DE LA RÉPUBLIQUE DE CÔTE D'IVOIRE, POUR SES RÉFORMES GAGNANTES EN MATIÈRE D'ACCÈS AU CRÉDIT IMMOBILIER

Au cours de sa mandature (2011-2025), le Président Alassane OUATTARA a mené avec succès, le combat pour l'allègement considérable des conditions d'accès au crédit immobilier en Côte d'Ivoire. Ce combat se décline en trois (03) réformes structurelles majeures qu'il a initiées, à savoir :

- **le Décret n°2013-482 du 02 juillet 2013 portant modalités d'application de l'Ordonnance fixant les règles d'acquisition des terrains urbains :** L'Arrêté de Concession Définitive (ACD) étant l'un des documents indispensables pour être éligible au crédit immobilier, cette première réforme du Président de la République a permis de fluidifier la procédure d'obtention de ce titre de propriété foncière et d'en raccourcir les délais de livraison. C'est ainsi que le Gouvernement a réussi à délivrer en moyenne 5.500 ACD chaque année, de 2013 à 2019, avant d'atteindre un pic impressionnant de 20.000 ACD délivrés pour la seule année de 2020, selon M. Bruno N. KONE, Ministre ivoirien de la Construction, du Logement et de l'Urbanisme. Le Décret n°2021-785 du 08 décembre 2021 déterminant la procédure de délivrance de l'Arrêté de Concession Définitive (ACD) complète d'ailleurs cette première réforme, en vue d'en consolider les acquis ;

- **le Décret n°2014-370 du 18 juin 2014 relatif au régime de la quotité cessible et de la quotité saisissable :**

Avant cette seconde réforme, la quotité cessible était fixée voire figée à un taux unique de 33% quel que soit le niveau du revenu, limitant ainsi la capacité d'endettement des ménages face au coût de plus en plus élevé des investissements dans l'immobilier. Mais le Décret de 2014 a permis de sauter le verrou de la quotité cessible et de l'adapter à différents paliers du revenu. Ainsi, la quotité cessible varie désormais de 35% à 57%, améliorant de façon considérable la capacité d'endettement des travailleurs ;

- le Protocole d'Accord portant trêve sociale 2022-2027, signé le 08 août 2022 entre le Gouvernement de Côte d'Ivoire et les organisations syndicales de la Fonction Publique :

Ce protocole consacre une importante revalorisation des niveaux de salaires, primes et indemnités des Fonctionnaires et Agents de l'État estimés à 254.000 en 2022[1]. Il coûtera à l'État de Côte d'Ivoire, la bagatelle de F CFA 1.100 Milliards sur la période 2022-2027. Le mérite de cette troisième réforme c'est d'étendre à l'ensemble des travailleurs salariés de l'État les avantages monétaires de la réforme de la quotité cessible, afin que les nombreux candidats au crédit immobilier obtiennent des financements bancaires plus importants pour acquérir des logements plus décents.

Au-delà de la floraison des constructions immobilières dans tout le pays, visibles à l'œil nu, l'impact de ces réformes structurelles est surtout mesurable à partir de l'évolution du volume du crédit immobilier en Côte d'Ivoire. Ainsi et selon les données officielles de la Banque

---

[1] Selon le communiqué du Conseil des Ministres du 9 novembre 2022, le dernier recensement officiel des Fonctionnaires et Agents de l'Etat remonte à 2020 et a arrêté le nombre de 212.159 travailleurs.

Centrale des États de l'Afrique de l'Ouest (BCEAO)[2], le volume du crédit à l'habitat est passé de FCFA 38,137 Milliards en 2013 à 182,9 Milliards en 2020. Soit une variation exceptionnelle de 379,59%.

Le lien entre ces réformes gagnantes du Président Alassane OUATTARA et mon livre, c'est que sans celles-ci, le verrou que constituait l'ancien taux unique (33%) de la quotité cessible n'aurait pas permis au personnage principal de l'ouvrage de mobiliser un crédit immobilier aussi important, de F CFA 400 millions. Ce, en dépit de son niveau de revenu assez intéressant, comme nous le verrons plus tard dans le livre.

---

[2]Rapport sur les conditions de banque dans l'UEMOA en 2020, juin 2021

PRÉFACE 1

Mettre un toit sur sa tête est un objectif sacré pour tout être humain. D'ailleurs le droit à un logement convenable est inscrit dans la Déclaration universelle des droits de l'homme de 1948.

Aux États-Unis d'Amérique (USA), l'accès au travail, au logement et la possession d'un véhicule constituent le triptyque de l' « American Way of Life » ou style de vie à l'américaine. Ainsi très clairement, et pour paraphraser Jean Bodin3, l'on pourrait dire qu' il n'est de richesse que de logements.

Cependant, acquérir un logement pour soi ou en bénéficier de la part d'un gouvernement n'est pas chose aisée. Quelle que soit la classification accolée à un immeuble, son érection d'un terrain vague à une bâtisse coûte beaucoup d'argent et obéit à une réglementation très stricte.

La réglementation vise surtout à fondre le bâtiment dans un environnement adéquat et à s'assurer de la sécurité du bien aussi bien pour ceux qui l'habitent que pour le voisinage.

Le coût provient de la multiplicité des acteurs impliqués dans la construction selon les dispositions réglementaires.

---

[3]"Il ne faut jamais craindre qu'il y ait trop de sujets, trop de citoyens vu qu'il n'y a de richesse, ni force que d'hommes". Ecrit Jean Bodin en 1577 (in "De la République. Extraits, éd. Librairie de Médicis, 149, p.77).

Il faut sécuriser la parcelle de terre, y faire travailler des spécialistes du design et de la sécurité, monter la bâtisse et enfin aménager.

C'est la parfaite symbiose de toutes ces interventions qui fait le bâtiment et cela coûte cher. Pour cette raison, la majorité de ceux qui aspirent à posséder leur «chez soi», devrait solliciter les services des institutions financières, notamment les banques commerciales.

Et c'est à ce niveau que se dresse un autre écueil. Dans leur quête légitime de gestion de risque, les banques vont faire faire aux requérants du crédit immobilier, un parcours du combattant. Très vite, le dialogue de sourds s'installe. Le demandeur insatisfait a vite fait d'accuser la banque de s'ingénier à rejeter les demandes de crédit, plutôt que d'accompagner les agents économiques en vue de les rendre éligibles au crédit immobilier.

Pour la banque, le solliciteur est juste à court de toute la documentation et des garanties nécessaires au bon dénouement du crédit, s'il est accordé.

C'est pour résoudre ce nœud que Mohamed OUATTARA, banquier émérite qui déploie ses lumières au sein de la faîtière des banques de notre Union Monétaire Ouest Africaine (UEMOA) c'est-à-dire la Banque Centrale des États de l'Afrique de l'Ouest (BCEAO), se propose de mettre ce manuel à la disposition de tous les consommateurs de crédits immobiliers.

Instruit et guidé par les conseils et stratégies décrits dans ce livre, le lecteur se facilitera sa relation avec le banquier et pourra se doter, plus vite qu'il n'y pensait, de la maison dont il a tant rêvé.

Je voudrais saluer mon collègue banquier, Mohamed OUATTARA, pour cette leçon en utilité qu'il nous donne. Il est en effet très facile de rester à la périphérie et critiquer. Mais il est mille fois plus utile de se jeter dans la mêlée et apporter les points gagnants. Et c'est ce que Mohamed OUATTARA fait à merveille avec cette publication.

Guillaume LIBY,

Economiste, diplômé de l'Université d'Albany (USA)

Expert en Banque et Finance

Anciennement Directeur Général de Banque en Côte d'Ivoire

Directeur-Gérant du Cabinet William Khamey Advisors - Côte d'Ivoire

(Finance, Économie et Formation)

Auteur de l'ouvrage "Economie pour tous",

Les Ed. L'Harmattan, Paris, 2019

PRÉFACE 2

Après diverses tentatives infructueuses menées auprès de plusieurs banques commerciales, obtenir enfin un crédit immobilier, de F CFA 400.000.000 (quatre cent millions de francs), constitue une source de satisfaction légitime pour le personnage principal de cet ouvrage. Un véritable soulagement au goût particulièrement savoureux. Satisfaction que nous comprenons et partageons.

L'accès au crédit immobilier représente, en effet, un véritable parcours du combattant, dans notre environnement, au regard des nombreux “obstacles” à franchir. Les statistiques officielles de la Banque Centrale des Etats de l'Afrique de l'Ouest (BCEAO)[4] montrent d'ailleurs que c'est seulement à partir de 2012 qu'une timide progression du crédit à l'habitat est constatée au niveau de l'Union Economique et Monétaire Ouest Africaine (UEMOA), avec des concours cumulés :

- ✓ inférieurs ou égaux à F CFA 80 Milliards avant 2012 (80.4 en 2011) ;
- ✓ supérieurs à F CFA 100 Milliards à partir de 2012 (122.2) ;
- ✓ et un pic de 421.6 Milliards en 2020[5].

Ces obstacles, d'ordre juridique, financier et administratif, mais également liés au manque d'information et de culture bancaire du client, sont tous

---

[4] Note d'analyse sur les conditions de financement bancaire de l'habitat dans les pays de l'UEMOA, octobre 2014

[5] Rapport sur les conditions de banque dans l'UEMOA en 2020, juin 2021

importants les uns autant que les autres. Ne pas franchir, avec succès, un seul d'entre eux pourrait entraîner le rejet de la demande de crédit immobilier.

C'est à ce niveau que se situe tout l'intérêt de cet ouvrage. En effet, il propose au lecteur un partage d'expériences, visant à mettre en lumière les difficultés pratiques vécues par le personnage principal. Ce, à chacune de ses tentatives d'accès au crédit immobilier auprès de trois établissements bancaires installés en Côte d'Ivoire. Tentatives dont la troisième fut couronnée de succès.

Il est à espérer que ce partage d'expériences contribue à mieux préparer les potentiels candidats à l'accès au crédit immobilier, en capitalisant sur les différents motifs de rejet opposés à notre personnage principal, à chaque étape de sa quête déterminée et inlassable de financement hypothécaire.

Pour notre part, nous sommes heureux d'avoir contribué à vaincre le “signe indien” du rejet de son dossier de demande de crédit immobilier, en transformant sa troisième tentative en succès. En effet, notre banque a fait le choix d'accompagner le client, en l'aidant à ajuster sa demande de crédit immobilier aux normes prudentielles édictées par la BCEAO, d’une part, mais également à notre politique interne de crédit, d'autre part.

Après l'octroi du crédit immobilier au personnage principal de cet ouvrage et avec du recul, nous nous félicitons de la bonne exécution de son projet immobilier, avec le respect des clauses de délais et de qualité des travaux, le paiement régulier des échéances mensuelles de remboursement et une rentabilité confirmée de l'investissement immobilier réalisé.

Ce partenariat gagnant-gagnant nous donne raison d'avoir cru en ce projet économique majeur ainsi qu'en Monsieur OUATTARA, son promoteur très dynamique et déterminé.

Landry Kader DIALLO,

Diplômé du CESAG (Sénégal) et de ESCP Business School (Paris)

Spécialisé en Gestion bancaire et maîtrise des risques

Certifié en Management, contrôle interne et maîtrise de risques

20 ans d'expérience en milieu bancaire

Directeur du Réseau et des Particuliers

Bridge Bank Group – Côte d'Ivoire

INTRODUCTION

Tout projet immobilier est un investissement important qui nécessite un financement tout aussi considérable. L'idéal serait de financer la construction immobilière par un crédit immobilier dont le calibrage du taux d'intérêt et de la durée facilite à l'emprunteur le remboursement des échéances mensuelles. Le taux d'intérêt devrait être relativement faible et la durée au minimum de 10 ans soit 120 mensualités.

Toutefois, sous nos tropiques l'accès au crédit immobilier est rendu difficile par de nombreux obstacles, au point de s'apparenter à un véritable parcours du combattant. En effet, ces obstacles sont perceptibles à travers une série de questions ci-après énumérées, adressées invariablement à tout particulier candidat à ce type de financement :

1- Disposez-vous d'un revenu régulier (salaire, prime, autre...) ?

2- Le crédit sollicité est-il conforme à votre quotité cessible ?

3- Disposez-vous d'un titre de propriété définitif du terrain sur lequel le bien immobilier sera bâti ?

4- Si oui, ce titre ne fait-il pas déjà l'objet d'une inscription hypothécaire ?

5- Disposez-vous des autorisations requises pour construire ?

6- Si l'investissement immobilier est à caractère commercial, votre compte d'exploitation prévisionnel dégage-t-il une marge de rentabilité ?

7- Etes-vous capable de fournir toute la documentation nécessaire pour répondre à ces questions ?

Toutes ces interrogations, dont la liste n'est pas exhaustive, plantent ainsi le décor du chemin d'obstacles dressé devant l'investisseur en quête d'un crédit immobilier.

Quelles sont alors les principales embûches à identifier sur ce parcours du combattant ? Quels sont les “pièges” à éviter afin de franchir avec succès tous les obstacles et obtenir, enfin, le financement immobilier tant convoité ?

A travers cet ouvrage, nous proposons de répondre de façon concrète à ces interrogations, en nous appuyant sur un partage d'expériences pratiques inspirées de la réalité vécue par le personnage principal de notre livre, Monsieur De-Djanguinasso OUATTARA (D-DO). Un partage d'expériences qui se veut positif et fructueux, parce qu'indiquant la voie suivie par D-DO lui-même et qui a abouti à l'obtention d'un important financement bancaire à long terme, d'un montant global de F CFA 400.000.000 (quatre cents millions de francs).

Toutefois, il faut préciser que bien avant ce brillant succès financier, D-DO a vécu trois difficiles tentatives d'accès au crédit immobilier auprès de trois (03) banques commerciales établies en Côte d'Ivoire. Ces expériences ont mis en évidence trois grosses carences contenues dans son dossier de demande de crédit. Ces faiblesses se retrouvent généralement dans de nombreux dossiers de demande de crédit immobilier des particuliers ; et elles devraient donc être désormais corrigées par tous les candidats au crédit immobilier.

Nous présentons ici ces carences comme des pièges ou erreurs à éviter, sous peine de rejet de votre demande de crédit immobilier, à savoir :

- le dossier incomplet ou non conforme, traité au chapitre 1 ;

- le non-respect de la quotité cessible au chapitre 2 ;

- la mauvaise évaluation financière de l'investissement immobilier au chapitre 3.

Le traitement de ces trois questions est contenu dans la seconde partie de cet ouvrage.

Mais bien avant d'aborder ces questions relatives au crédit immobilier, nous attirerons l'attention du lecteur dans une première partie sur la problématique du blanchiment des capitaux dans le financement des projets immobiliers.

L'objectif étant de l'amener à ne pas emprunter ce raccourci dangereux pour l'économie nationale, au cas où il trouverait insurmontables les conditions d'accès au crédit immobilier. Cette première partie comprendra trois chapitres dont le premier sera consacré à l'analyse de quelques cas d'investissements dans l'immobilier à des fins de blanchiment des capitaux (chapitre 1).

Le second chapitre présentera les fondamentaux du blanchiment pour rappeler à quels points ce phénomène peut être nocif à l'économie nationale (chapitre 2).

Enfin, dans le troisième chapitre, nous présenterons la réponse de l'État de Côte d'ivoire pour contrer le phénomène du blanchiment de capitaux (chapitre 3).

Partie 1

LA PROBLÉMATIQUE DU BLANCHIMENT DES CAPITAUX DANS LE FINANCEMENT DES PROJETS IMMOBILIERS

Chapitre1

CONTEXTE DU BLANCHIMENT DES CAPITAUX ET ANALYSE DE CAS

I- Le contexte général du blanchiment des capitaux

Corruption, détournement de deniers publics, drogue, prostitution, fabrication de faux billets de banque, trafics en tout genre, etc., sont des activités illégales qui génèrent d'importants profits financiers, essentiellement sous forme d'argent liquide.

- ✓ Comment utiliser ou placer cet argent liquide à la banque sans éveiller le soupçon des Autorités ?
- ✓ Comment dissimuler son origine ?

L'analyse de ce phénomène a permis d'identifier plusieurs méthodes de blanchiment des capitaux, efficaces et adaptées selon les besoins. Grâce à ces méthodes, il devient possible pour le criminel à col blanc de recueillir “le beurre, l'argent du beurre et la crémerie” (in “Comment blanchir l'argent sale” ? Editions les Renseignements généraux, 2006).

- ✓ le beurre : l'argent sera placé sur le compte d'une banque prestigieuse ;
- ✓ l'argent du beurre: il sera possible de justifier ou de masquer l'origine des fonds ;
- ✓ la crémerie : l'argent sale, ainsi blanchi, pourra donc être investi dans l'économie légale et être source de profits légaux.

Classement des pays de l'UEMOA selon le PIB nominal en 2020

SIKA FINANCE	PIB nominal en 2020 (en milliards FCFA)	Rang	Variation du PIB par rapport à 2019
Bénin	8 432,2	5ème	6,5%
Burkina Faso	9 369,2	4ème	5%
Côte d'Ivoire	34 298,9	1er	6,4%
Guinée-Bissau	860,4	8ème	3,4%
Mali	10 125,6	3ème	6,8%
Niger	7 610,4	6ème	6,6%
Sénégal	13 655,4	2ème	6,3%
Togo	4 230,6	7ème	7,1%
UEMOA	88 582,7	-	6,3%

Figure 1. Classement des pays de l'UEMOA selon le PIB (Source SIKA finance)

Le blanchiment des capitaux et le financement du terrorisme représentent une sérieuse menace pour tous les Etats dont l'économie est dynamique et en croissance régulière. La Côte d'ivoire n'est donc pas à l'abri de ce phénomène, au regard de sa position prestigieuse de première économie de l'Union Economique et Monétaire Ouest Africaine (UEMOA), avec un Produit Intérieur Brut (PIB) nominal6 de F CFA 34.298,9 Milliards en 2020 (BCEAO, 2020). Devenant du coup une cible idéale pour l'activité de blanchiment des capitaux et du financement du terrorisme.

[6] A la différence du PIB réel, le PIB nominal ne prend pas en compte l'inflation

Une telle menace est prise très au sérieux par l'Etat de Côte d'Ivoire qui sous le leadership du Président de la République, S.E.M Alassane OUATTARA, a organisé une riposte vigoureuse contre le phénomène du blanchiment des capitaux et du financement du terrorisme.

Quelle est donc la nature de cette riposte de l'Etat de Côte d'Ivoire contre le blanchiment des capitaux et le financement du terrorisme ?

Mais bien avant d'aborder cette question de fond, que doit-on comprendre par blanchiment des capitaux et financement du terrorisme ?

II- Analyse de cas : l'investissement dans l'immobilier à des fins de blanchiment des capitaux

Selon Pideeco[7], il existe de nombreux cas d'investissements dans l'immobilier à des fins de blanchiment de capitaux. En guise d'exemple, l'achat massif de vingt-deux (22) propriétés dans le Midwest des Etats-Unis pour une valeur d'environ 490 millions de dollars, par l'éminent oligarque ukrainien Ihor Kolomoisky et ses associés. Ces achats ont été effectués entre 2006 et 2015 par l'intermédiaire de sociétés enregistrées dans le Delaware, bien que M. Kolomoisky figure sur la liste des sanctions américaines. À un certain moment, conclut Pideeco, il est même devenu le plus grand propriétaire commercial de Cleveland.

En février 2022, Transparency International a révélé que des Russes liés au Kremlin ou accusés de corruption avaient investi 1,5 milliard de livres sterling sur le marché britannique de l'immobilier, principalement par le biais de

[7]Cabinet belge de conseil et de gestion des risques

sociétés détenues dans les territoires d'outre-mer et les dépendances de la Couronne de Grande-Bretagne. Ces découvertes ont révélé que la Grande-Bretagne était "une plaque tournante mondiale du blanchiment d'argent". Cependant, les investissements criminels dans les marchés de l'immobilier sont perpétrés depuis des décennies et se sont infiltrés dans tous les coins du monde.

Plus près de nous et pendant que D-DO peinait à obtenir un crédit immobilier en vue d'achever la construction de son immeuble d'habitation et le mettre en exploitation, son attention fut attirée par les nombreuses réalisations de Michel Z, son ami de longue date (rencontré sur les bancs du Lycée) exerçant par ailleurs une haute fonction au sein de l'Administration Publique. En effet, Michel Z s'était lui aussi mis à investir dans l'immobilier, avec plus de succès que D-DO. En l'espace de cinq (05) années, D-DO avait été invité par Michel Z, à l'inauguration privée (office religieux, aspersion des locaux à l'eau bénite avant la remise des clés aux locataires), de plusieurs biens immobiliers :

- ✓ un immeuble d'habitation de trois (03) étages comprenant quinze (15) appartements dans la commune huppée de Cocody ;
- ✓ trois (03) villas duplex de six (06) pièces chacune, toujours dans la commune de Cocody ;
- ✓ un établissement secondaire (lycée) privé, construit sur une superficie de 3.000 mètres carrés, dans une ville de l'arrière-pays.

C'était un résultat impressionnant au regard du niveau de rémunération connu d'un Fonctionnaire, fût-il un haut responsable de l'Administration Publique !!!

Mais, c'est au détour d'une conversation privée entre D-DO et Michel Z, que le premier cité va découvrir qu'en réalité, il existe une différence de fond entre les modes de financement de leurs projets immobiliers respectifs. En effet, D-DO ayant plaidé pour que Michel Z l'introduise auprès de la banque qui lui avait accordé un concours financier si important en l'espace de quelques années, il s'entendit répondre par celui-ci qu'aucun de ses projets immobiliers n'avait été financé par un crédit immobilier, mais plutôt par des “financements alternatifs” (sic).

Ses propos pouvaient être ainsi résumés : “Vois-tu cher ami, les titres de propriété que je détiens sur mes parcelles de terrains ne sont pas encore définitifs. Car La procédure de délivrance de l'Arrêté de Concession Définitive (ACD) est en cours. Or, nous savons tous que sans titre de propriété définitive, il n'y a aucune possibilité pour un particulier d'obtenir un crédit immobilier”, a lancé Michel Z à son ami D-DO, avant de conclure son propos avec un large sourire triomphal : “Heureusement que les avantages liés à ma fonction me donnent accès à des *financements alternatifs* très conséquents et qui m'ont permis d'avancer plus vite et bien dans la réalisation de mes projets immobiliers”.

Pour ne pas indisposer son ami Michel Z, D-DO n'osa plus lui poser de question, après cette révélation troublante.

Mais dans son for intérieur, il ne cessait de s'interroger :

✓ quel que soit le poste occupé dans l'Administration Publique, quels sont ces financements dits alternatifs qui peuvent valablement remplacer un crédit immobilier ?

✓ Ces financements dits alternatifs au crédit immobilier sont-ils officiels et traçables ? Si non, ne sommes-nous pas face à un soupçon de blanchiment de capitaux ?

D-DO venait de comprendre qu'il s'agissait, à tout le moins, d'un soupçon de blanchiment des capitaux. Oui, des capitaux à la provenance non licite et non traçable, comme illustré dans le schéma ci-dessous8 .

Figure 2. Le blanchiment d'argent dans l'immobilier

[8] Siggia Stefano, "Comment l'immobilier est-il utilisé pour le blanchiment d'argent ?", Pideeco - https://pideeco.be, Septembre 2022

Chapitre 2

COMPRENDRE LE PHÉNOMÈNE DU BLANCHIMENT DES CAPITAUX ET DU FINANCEMENT DU TERRORISME

I- Qu'est-ce que le blanchiment des capitaux et le financement du terrorisme ?

Le terme “blanchiment” est apparu pendant la période dite de “prohibition” aux Etats-Unis dans l’entre-deux guerres, où certaines bandes maffieuses déclaraient que leurs revenus provenaient des laveries (blanchisseries) qu’elles possédaient (en anglais laver : "to launder", d’où "money laundering").

Aux termes de la Loi n°2016-992 du 14 novembre 2016 relative à la lutte contre le blanchiment de capitaux et le financement du terrorisme, ce terme est défini comme l'infraction constituée les agissements énumérés ci-après, commis intentionnellement à savoir :

✓ la conversion ou le transfert de biens, par toute personne qui sait ou aurait dû savoir que ces biens proviennent d'un crime délit ou d'une participation à un crime ou délit, dans le but de dissimuler ou de déguiser l'origine illicite desdits biens, ou d'aider toute personne impliquée dans cette activité à échapper aux conséquences juridiques de ses actes ;

✓ la dissimulation ou le déguisement de la nature, de l'origine, de l'emplacement, de la disposition, du mouvement ou de la propriété réels de biens ou de droits y relatifs, par toute personne qui sait ou aurait dû savoir que ces biens proviennent d'un crime ou délit, ou d'une participation à un crime ou délit ;

✓ l'acquisition, la détention ou l'utilisation de biens dont celui qui s'y livre, sait ou aurait dû savoir, au moment où il les réceptionne que ces biens proviennent d'un crime ou délit ou d'une participation à un crime ou délit.

Pour résumer, le blanchiment des capitaux est donc le processus par lequel l'on dissimule la provenance de capitaux acquis de manière illégale, afin de les réinvestir dans des activités parfaitement légales. En amont du blanchiment, il y a toujours une infraction sous-jacente, c'est-à-dire une activité dont le revenu est considéré comme de “l'argent sale” (corruption, détournements de fonds, trafic de drogue, trafic d'armes, etc.).

C'est aussi le fait de faciliter, par tous moyens, la justification mensongère de l'origine des biens ou des revenus de l'auteur d'un crime ou d'un délit.

Quant au financement du terrorisme il renvoie à “ tout acte commis par une personne physique ou morale qui, par quelque moyen que ce soit, directement ou indirectement, a délibérément fourni ou réuni des biens, fonds et autres ressources financières dans l'intention de les utiliser ou sachant qu'ils seront utilisés, en tout ou partie, en vue de la commission :

a) d'un ou de plusieurs actes terroristes ;

b) d'un ou de plusieurs actes terroristes par une organisation terroriste ;

c) d'un ou de plusieurs actes terroristes, par un terroriste ou un groupe de terroristes. La commission d'un ou de plusieurs de ces actes constitue une infraction ”.

II- Quelles sont les étapes et les principales techniques de blanchiment des capitaux ?

A- Les étapes

Résumé : les étapes du blanchiment

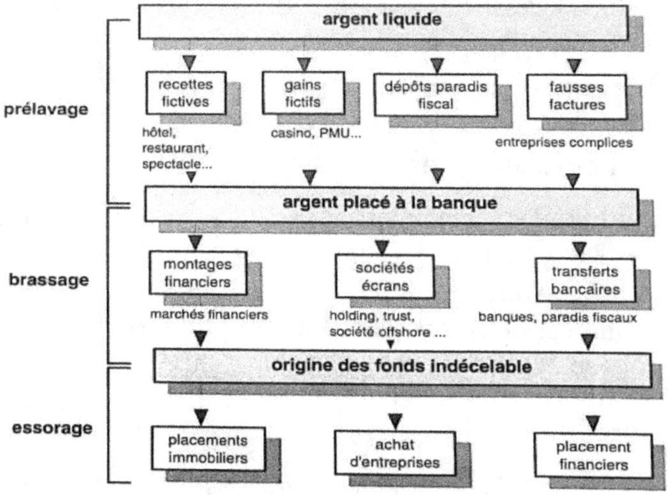

Figure 3. Les étapes du blanchiment

Les théoriciens distinguent généralement trois (03) étapes dans le blanchiment des capitaux :

1- Le prélavage (encore appelé placement ou immersion)

Le but est de placer l'argent liquide sur un compte bancaire, en masquant son origine illégale. C'est la phase la plus difficile et vulnérable pour le criminel ;

2- Le brassage (ou encore dispersion/empilage)

Il s'agit de brouiller les pistes par des transactions financières complexes, afin de masquer l'origine des fonds ou d'en légitimer la possession ;

3- L'essorage (ou recyclage/intégration)

L'argent étant blanchi et son origine masquée, les investissements dans l'économie légale peuvent commencer.

B- Les techniques

Au titre des techniques de blanchiment des capitaux, il en existe plusieurs, inventées en permanence par les criminels. Nous allons en exposer cinq parmi les plus couramment détectées par les Cellules de Renseignement Financier[9] (CRF, Groupe EGMONT, 2001). Il s'agit de :

1- Dissimulation de fonds au sein d'activités ou de structures commerciales

L'exemple type de cette première technique de blanchiment est la tentative, par une organisation criminelle, de dissimuler des fonds d'origine illicite au sein de l'activité normale d'entreprises ou au sein de sociétés contrôlées par elle. Il s'agit d'un recyclage de fonds dans le système financier, en faisant en sorte qu'ils se confondent aux fonds issus des transactions d'une structure commerciale contrôlée par le blanchisseur.

---

[9]Les Cellules de Renseignement Financier en action, 100 affaires révélées par le Groupe EGMONT, 2001

Cependant, l'une des difficultés auxquelles les blanchisseurs sont régulièrement confrontés est que la croissance trop rapide d'une société nouvellement créée peut éveiller les soupçons des institutions financières et les pousser à en faire part à la CRF compétente. Le risque est donc que d'autres blanchisseurs tentent de recourir à des sociétés bien établies appartenant à des associés, en espérant que les institutions financières soupçonneront moins ce type de clientèle de se livrer au blanchiment.

2- Usage détourné de structures ou d'activités commerciales légales

Ce procédé consiste, pour un blanchisseur, à impliquer une entreprise ou une activité existante, dans le processus de blanchiment, sans que l'activité ou l'entreprise en question n'ait connaissance de l'origine criminelle des fonds. Le principal avantage qu'il y a à utiliser une entreprise à son insu réside dans le fait que de cette façon, les autres organisations sont amenées à penser que les fonds proviennent effectivement de cette entreprise et non d'une activité criminelle. Selon certaines CRF, en recourant fréquemment à des professions libérales, les organisations criminelles veulent faire en sorte que leurs fonds soient associés à des affaires respectables. Toutefois, l'entreprise innocente ne sortira pas non plus indemne de la découverte du processus de blanchiment par les autorités.

3- Usurpation d'identité, usage de faux ou recours à des hommes de paille

Dans de nombreux pays, l'Etat s'est doté des moyens nécessaires pour découvrir et confisquer les actifs illicites d'individus liés aux milieux criminels. Les blanchisseurs ont donc tout intérêt à confier leurs actifs à des personnes au-dessus de tout soupçon. Ces « hommes de paille» sont utilisés pour effectuer des dépôts ou des retraits, dans l'espoir qu'en l'absence de lien entre ces individus et l'organisation criminelle, l'éventuelle découverte par les autorités des transactions frauduleuses en sera moins exploitable. Les faux papiers jouent un rôle essentiel dans les tentatives de fraude, mais servent également de couvertures aux opérations de blanchiment. On sait que de fausses factures, faux reçus et autres faux documents de transport sont régulièrement utilisés lorsqu'il s'agit de rendre des comptes aux institutions financières sur l'origine des fonds déposés chez elles.

4- Exploitation des différences existant entre les juridictions

L'existence de législations différentes à l'échelle mondiale est du pain béni pour les blanchisseurs puisqu'elle leur permet de profiter des particularités concernant le secret bancaire, les exigences en matière d'identification et de déclaration, la législation fiscale, les modalités de constitution des entreprises et les seuils de déclaration des opérations monétaires. Plus le blanchisseur compliquera la tâche de l'enquêteur qui tente de prouver l'existence d'un lien entre le criminel et les actifs, plus il y aura de chances que l'enquête échoue.

5- Recours à des types d'actifs anonymes

Cette dernière méthode de blanchiment est à certains égards la plus simple. Les malfaiteurs savent que plus la piste de vérification est mince, moins il y a de chances pour que les enquêteurs détectent ou prouvent le lien délictuel entre le malfaiteur et les actifs en cause. Certaines formes d'actifs sont totalement anonymes par nature, de sorte qu'il est pratiquement impossible de remonter à leur détenteur ou à leur origine véritable, à moins que le malfaiteur ne soit surpris en flagrant délit de transaction sur cet actif par les services répressifs. L'argent liquide constitue l'actif anonyme par excellence, mais les biens de consommation, les bijoux, les métaux précieux, etc., sont d'autres exemples d'actifs anonymes.

Au terme de ce chapitre, il est important de souligner l'usage fréquent de multiples filières de blanchiment par les organisations criminelles : de nombreuses filières de remplacement sont créées pour réduire l'impact d'une intervention des autorités sur une filière donnée. Si les enquêteurs n'identifient pas l'ensemble des filières, l'efficacité de l'action des autorités répressives risque de s'en trouver réduite.

Les échanges de renseignements entre différentes organisations, dans un même pays ou au niveau international, permettent de lutter efficacement contre les organisations criminelles.

La qualité des renseignements échangés étant tributaire de la qualité de la riposte nationale, qu'en est-il de celle de l'Etat de Côte d'Ivoire ?

Chapitre 3

LA RIPOSTE DE L'ETAT DE CÔTE D'IVOIRE CONTRE LE PHÉNOMÈNE DU BLANCHIMENT DES CAPITAUX ET DU FINANCEMENT DU TERRORISME

Reconnaissant l'importance de prendre des mesures afin de lutter contre le blanchissement des capitaux et le financement du terrorisme, l'Etat de Côte d'Ivoire a organisé une riposte vigoureuse s'appuyant sur un dispositif robuste d'Actes juridiques. Ce dispositif comprend la Loi n°2016-992 du 14 novembre 2016) et quatre (04) textes d'application (les Instructions portant modalités d'application de la Loi relative à la LBC/FT, fixant le seuil de déclaration de transports physiques transfrontaliers, fixant le seuil pour le paiement de créances en espèces, fixant le seuil de déclaration de transactions pour la CENTIF).

I- La Loi n° 2016-992 du 14 novembre 2016 relative à la lutte contre le financement du terrorisme dans les Etats membres de l'Union Monétaire Ouest Africaine (UMOA)

Il s'agit d'une Loi Uniforme communautaire, initiée par la Banque Centrale des Etats de l'Afrique de l'Ouest (BCEAO) et adoptée par le Conseil des Ministres de l'UMOA. Aux termes de son article 2, cette Loi a pour objet de "prévenir et réprimer le blanchiment de capitaux, le financement du terrorisme et la prolifération des armes de destruction massive en République de Côte d'Ivoire, en mettant en œuvre les recommandations du Groupe d'Actions Financières (GAFI), ainsi que les principales insuffisances du dispositif en place mises en relief par les exercices d'évaluation mutuelles organisés par le Groupe Intergouvernemental d'Action contre le Blanchiment d'Argent en Afrique de l'Ouest (GIABA)". Cette Loi vise par ailleurs à assurer l'interdépendance des dispositifs de lutte contre la criminalité financière transnationale en vigueur".

Aux termes de son article 4, cette Loi a pour objet de définir le champ d'application de la lutte contre le blanchiment des capitaux en République de Côte d'Ivoire, afin de prévenir l'utilisation des circuits économiques, financiers et bancaires de l'UEMOA à des fins de recyclage de capitaux ou de tous autres biens d'origine illicite.

S'il faut montrer sa force pour ne pas avoir à en faire usage (dissuasion), la Loi de 2016 a le mérite de dévoiler tous les acteurs qui interviennent dans le contrôle des flux financiers en vue de détecter ceux ayant un caractère suspect voire illicite. En effet et l'article 5 est très démonstratif, les mailles des filets de la lutte contre le blanchiment des capitaux comprennent toute personne physique ou morale qui, dans le cadre de sa profession, réalise, contrôle, conseille des opérations entraînant des dépôts, des échanges, des placements, des conversions ou tous autres mouvements de capitaux ou de tous autres biens, à savoir :

- le Trésor Public ;
- la BCEAO ;
- les institutions financières ;
- les prestataires de services aux sociétés et fiducies;

- les sociétés immobilières et les agents immobiliers, y compris les agents de location ;
- les autres personnes physiques ou morales négociant des biens, seulement dans la mesure où les paiements sont effectués ou reçus en espèces pour un montant de cinq millions de francs CFA au moins, que la transaction soit exécutée en une fois ou sous la forme d'opérations fractionnées apparemment liées ;
- les opérateurs de ventes volontaires de meubles aux enchères publiques ;
- les agents sportifs et les promoteurs d'événements sportifs ;
- les prestataires de jeux d'argent et de hasard, notamment les propriétaires, les directeurs et gérants de casinos et d'établissements de jeux, y compris les loteries nationales ;
- les apporteurs d'affaires aux institutions financières ;
- les personnes se livrant habituellement au commerce ou organisant la vente de pierres précieuses, de métaux précieux, d'antiquités et d'œuvres d'art ;
- les transporteurs de fonds ;
- les sociétés de gardiennage ;
- les agences de voyages ;
- les hôtels ;
- les organismes à but non lucratif ;
- toute autre personne physique ou morale désignée par l'autorité compétente.

Nous passons volontairement sous silence les techniques de lutte contre le blanchiment des capitaux et surtout de détection des cas de suspicion de blanchiment. Mais que chacun sache désormais que l'Etat de Côte d'Ivoire a non seulement de grandes oreilles, mais également de grands yeux.

II- Le Décret n° 2006-261 du 9 aout 2006 portant création, organisation et fonctionnement d'une Cellule Nationale de Traitement des Informations Financières (CENTIF)

La CENTIF est la structure en charge d'appliquer de façon concrète le dispositif juridique de lutte contre le blanchiment des capitaux et le financement du terrorisme dans chaque Etat membre de l'UEMOA. Placée sous la tutelle du Ministère en charge des Finances, elle est dotée de l'autonomie financière et d'un pouvoir de décision autonome sur les matières relevant de ses attributions, en vertu de l'article 17 de la Loi de 2005, actualisé par les articles 59 à 81 de la Loi de 2016.

La CENTIF a pour mission de recevoir, d'analyser et de traiter les renseignements propres à établir l'origine des transactions ou la nature des opérations faisant l'objet de déclarations de soupçon auxquelles sont astreintes les personnes physiques et morales assujetties (art 5 de la Loi de 2005 actualisé par art 60 de la Loi de 2016).

Aux termes de l'article 61 de ladite Loi, la CENTIF est composée de six (06) membres, nommés par Décret, à savoir :

- un Haut Fonctionnaire issu soit de la Direction Générale du Trésor et de la Comptabilité Publique, soit de la Direction Générale des Douanes, soit de la Direction Générales des Impôts, ayant rang de

Directeur d'Administration Centrale, détaché par le Ministère en charge des Finances. Il assure la Présidence de la CENTIF ;

- un Magistrat spécialisé dans les questions financières, détaché par le Ministère chargé de la Justice ;
- un représentant de la BCEAO, assurant le Secrétariat de la CENTIF ;
- un Haut Fonctionnaire de la Police Judiciaire, détaché par le Ministère de la Sécurité ;
- un chargé d'enquêtes, Inspecteur des Services des Douanes, détaché par le Ministère chargé des Finances ;
- un chargé d'enquêtes, Officier de Police Judiciaire, détaché par le Ministère en charge de la Sécurité.

En conclusion, le blanchiment de capitaux ou le financement du terrorisme est un délit pénalement sanctionné. Contrairement aux apparences, les candidats au blanchiment des capitaux et au financement du terrorisme devraient comprendre que leurs activités sont suivies à la loupe par l'Etat de Côte d'Ivoire, à travers son dispositif de contrôle des flux et transactions, animé par les structures assujetties. En effet, la Loi oblige ces assujettis des milieux financiers à remonter toute transaction atypique vers les Cellules de Renseignement Financier. Et les résultats des enquêtes y relatives sont publiés chaque année dans le rapport annuel de la CENTIF-CI.

Partie 2

LES TROIS ERREURS À ÉVITER DANS LE PROCESSUS DE DEMANDE DE CRÉDIT IMMOBILIER

Chapitre 1
ERREUR NUMÉRO 1
LE DOSSIER INCOMPLET OU NON CONFORME

I- Contexte

Cadre Supérieur au sein d'une prestigieuse Institution Internationale, Monsieur De-Djanguinasso OUATTARA (D-D.O) a acquis en 2012, un terrain nu d'une superficie de 1094 m2 dans la commune de Cocody, précisément dans le quartier chic de la Riviera, une zone résidentielle huppée.

Sa première idée de projet de mise en valeur de cette parcelle était de construire pour l'usage de sa famille, une coquette villa, comportant toutes les commodités, avec un grand jardin, une piscine et une aire de jeux pour ses enfants.

Tant qu'il s'agissait d'un tel projet d'habitation de type familial, le deuxième du genre pour D-DO, la capacité d'endettement de ce Fonctionnaire International était assez confortable pour mobiliser les financements nécessaires à la réalisation et à la livraison de l'ouvrage.

Toutefois, une seconde variante du projet immobilier a vu le jour. Il s'agissait en effet de construire un immeuble d'habitations de standing élevé, destiné à la location, en lieu et place d'une villa cossue destinée à l'habitation familiale. Cette idée résumait les conseils avisés de deux (02) amis de D-DO qu'il a rencontrés dans le cadre de ses activités au sein d'un Club Service International. Il s'agit de Jean-Pascal O. alias J.P.O et Ghislain Ogou K., des entrepreneurs prospères, eux-mêmes propriétaires d'immeubles.

Pour convaincre D-D.O, chacun des deux l'a d'abord invité à visiter son chantier (immeuble d'habitation pour l'un et immeuble de commerce et de bureaux pour l'autre) dont les travaux étaient en voie d'achèvement. Puis, tous les deux lui ont fortement recommandé de faire le choix d'un projet similaire, parce que source de création de richesses, au regard du bon emplacement de sa parcelle et surtout de la forte demande de logements de standing à Abidjan.

C'est ainsi que D-D.O s'est laissé convaincre par ses deux amis, en s'engageant dans un projet de construction d'un immeuble d'habitation , comportant treize (13) appartements de trois (03) et quatre (04) pièces de haut standing, avec un parking intérieur couvert de quinze (15) véhicules et un système de sécurité renforcé par la vidéo-surveillance.

Ce projet a été évalué par les Spécialistes en Bâtiments et Travaux Publics (BTP) à un coût initial de F CFA 341.000.000 (trois cent quarante et un millions de francs). Un montant largement supérieur à la capacité d'endettement de D-D.O.

Il a donc privilégié une approche progressive, basée sur la mobilisation de crédits à court et moyen terme, mais non adaptés au besoin de financement d'un tel investissement immobilier.

La limite de ce type de financement, c'est la faiblesse du montant de crédit accordé au regard du coût global du projet immobilier et surtout la lenteur dans l'exécution dudit projet.

Ainsi, grâce à des crédits à court terme mobilisés en interne auprès de son solide et prestigieux employeur (une Organisation Internationale), D-DO a réussi à financer l'implantation du chantier et surtout la réalisation de la fondation, qui a coûté particulièrement chère. En effet, la fondation à elle seule a coûté environ F CFA 21.000.000 (vingt et un millions de francs) parce que le constructeur a imposé à D-DO des travaux de fouilles, de béton de propreté et de poteaux répondant aux caractéristiques d'un immeuble de quatre étages (R+4). Alors qu'il s'agissait d'un projet de deux étages. Pourquoi ?

Avec du recul, il faut saluer l'expérience et la clairvoyance du Maître d'œuvre du projet (en charge de la construction de l'immeuble). Son explication, sourire aux lèvres est toute simple : “Généralement, nos clients affichent des ambitions très modestes au lancement de leurs projets immobiliers. Mais chemin faisant, DIEU leur fait toujours la grâce financière de revoir à la hausse leurs ambitions, en passant de R+1 ou 2 à R+3 ou 4. Alors par expérience et pour éviter “éventuellement des problèmes de stabilité des immeubles que nous construisons en cas de changement des plans initiaux nous imposons au promoteur de réaliser systématiquement des fondations pour R+4” (mesure de prudence, au regard des nombreux cas d'effondrement d'immeubles enregistrés dans la capitale économique, Abidjan),

Et il n'a pas eu tort d'imposer des travaux coûteux de fondation pour R+4, comme nous le verrons par la suite...

Toujours sur la base du crédit-employeur à court terme, puis d'un prêt à la consommation mobilisé auprès d'une banque commerciale (Banque A), D-DO a continué de financer les travaux de construction du bâtiment, qui après la fondation a pu sortir de terre et progresser jusqu'au niveau du premier étage (R+1).

L'échéance de remboursement des prêts contractés pour atteindre ce niveau de réalisation de l'immeuble (R+1) étant de cinq (05) ans, D-D.O ne disposait plus de marge suffisante pour s'endetter à court et moyen terme.

Soit il patientait durant cinq (05) années jusqu'à l'amortissement de ces crédits, soit il s'organisait pour solliciter un crédit immobilier (à long terme).

C'est dans ce contexte que survint une offre promotionnelle de prêt immobilier lancée par une autre banque commerciale, que nous appellerons la Banque B.

II- L'offre de la Banque B : une opportunité manquée pour cause de dossier non conforme

En 2017, la Banque B a lancé une offre promotionnelle de prêt immobilier avec un taux d'intérêt hors taxes exceptionnel de 6% l'an. Cette offre valable du 3 juillet au 30 septembre **2017**[10] fut considérée par D-DO comme une aubaine susceptible de relancer et surtout booster son projet immobilier, quasiment à l'arrêt.

En effet, le taux d'intérêt très compétitif de ce crédit (6%) et sa longue durée d'amortissement (180 mensualités, soit 15 ans) avaient l'avantage d'améliorer la capacité d'endettement de D-DO. Il pourrait ainsi apurer son passif à court terme et disposer d'une trésorerie conséquente pour boucler la construction de son immeuble et le mettre en production.

Le 31 juillet 2017, D-DO a donc adressé à la Banque B, une demande de prêt immobilier dont les caractéristiques étaient les suivantes :

- Montant sollicité : F CFA 150.000.000 ;
- délai de remboursement : 180 mois, soit 15 ans ;

[10] Information vérifiable auprès du système bancaire ivoirien, pour ne pas citer de banque

- différé de remboursement en capital[11] : 12 mois.

Afin d'être plus confortable, D-DO a sollicité qu'une partie du prêt immobilier soit consacrée au rachat de l'encours du dernier prêt à la consommation de la Banque A, d'un montant de F CFA 30.000.000, qui lui avait permis d'avancer sur le projet jusqu'au niveau R+1. Ce qui donne le schéma de financement ci-après :

- Montant du prêt : F CFA 150.000.000 ;
- rachat encours de prêt à la consommation (Banque A) : F CFA 27.181.152 ;
- financement des travaux résiduels (élévation R+2, gros-œuvre, second-œuvre, équipements) : F CA 122.818.848, minorés des frais annexes et d'inscription hypothécaire.

Pour accompagner cette demande, les documents exigés par la Banque B et produits par D-D.O au nombre de 9, sont ci-après énumérés :

- Un titre de propriété définitif (Certificat de Propriété Foncière ou Arrêté de Concession Définitive) ;
- un permis de construire ;
- les plans de masse et extraits topographiques ;
- le devis des travaux restant à réaliser ;

[11] Le différé en capital est une mesure d'accompagnement de l'emprunteur par la banque. Pendant la période du différé, l'emprunteur ne rembourse que les intérêts mensuels du prêt et non le capital. L'idée est qu'à la fin des travaux, la mise en production de l'investissement permettra de rembourser les échéances en capital et en intérêt.

- le chronogramme d'exécution des travaux ;
- le Compte d'exploitation prévisionnelle de l'immeuble ;
- une attestation de travail ;
- les bulletins de salaires des trois derniers mois ;
- une attestation de redevance délivrée par la Banque A (pour rachat encours).

Tous ces neuf (9) documents constitutifs du dossier de prêt immobilier ayant été réunis et après une analyse favorable de son Gestionnaire en Agence, le dossier de D-D.O a donc été transmis au Siège de la Banque B en vue d'être instruit par les Analystes-Crédit.

Malheureusement pour D-D.O, c'est à ce stade de l'instruction du dossier qu'une anomalie de fond a été décelée. En effet, le permis de construire présenté était relatif à une autorisation de construire un immeuble de type R+1. Alors que le projet immobilier porte sur un bâtiment de type R+2.

Cette anomalie est considérée comme facteur de risque légal et réglementaire, dans la mesure où l'immeuble R+2 pourrait être démoli par les pouvoirs publics, en l'absence d'une autorisation de construire conforme au projet immobilier (R+2).

Quelle banque prendrait-elle le risque d'accorder un crédit immobilier à un promoteur ne disposant pas d'un permis de construire conforme à ses plans de construction ?

Qu'adviendrait-il de la capacité du promoteur à rembourser le crédit immobilier accordé, si l'achèvement des travaux de construction de l'immeuble en vue de son exploitation commerciale était rendue impossible par un ordre ministériel d'arrêt des travaux ou même de démolition du bâtiment, pour non-conformité du permis de construire ?

Il est clair que le remboursement d'un crédit immobilier de F CFA 150.000.000 ne pourrait être supporté par le seul salaire du promoteur D-D.O, sous peine pour la banque B de se mettre en position d'irrégularité vis-à-vis de certaines dispositions légales encadrant le remboursement du crédit (quotité saisissable, nous y reviendrons). La clause de différé en capital négociée sur une période de 12 mois, répondait à cette précaution d'alléger le montant de l'échéance mensuelle de remboursement, le temps d'achever les travaux et de mettre l'immeuble en exploitation commerciale pour honorer les échéances.

Les analystes-crédit ont finalement conclu à l'existence d'un risque majeur d'insolvabilité du promoteur D-D.O, en l'absence d'une autorisation administrative de construire conforme à son projet de construction d'un immeuble de deux étages (R+2). Les échéances de remboursement devant être couvertes par les loyers futurs.

Aucune banque ne pouvant s'engager à financer un projet immobilier dont la construction n'a pas fait l'objet d'un permis conforme aux plans (R+2)", la demande de crédit immobilier de D-D.O a donc été rejetée par la Banque B, sous réserve de produire un permis de construire conforme.

A cette étape, il convient de résumer la première erreur de D-D.O : La dissonance entre son projet de construction d'un immeuble R+2 et l'autorisation de construire portant ,elle, sur un immeuble de type R+1.

Chers candidats au crédit immobilier, veillez à la stricte conformité entre votre projet et le contenu de vos autorisations administratives. Veillez également à produire la totalité des documents exigés par votre banque. Dans le cas de D-D.O, il devait produire 9 documents. Abordons dans le chapitre suivant la deuxième erreur à ne pas commettre.

Chapitre 2
ERREUR NUMÉRO 2
LE NON-RESPECT DE LA QUOTITÉ CESSIBLE

I- La réforme de la quotité cessible en côte d'Ivoire : quelle incidence sur la capacité d'endettement des ménages ?

Qu'est-ce qu'une quotité ?

Quand dit-on que la quotité est cessible ?

Quand dit-on que la quotité est saisissable ?

Quel est l'impact de la quotité cessible sur la capacité d'endettement ?

Quelle est l'incidence de la quotité cessible sur le volume de crédit à l'économie ?

Autant d'interrogations qui résument les préoccupations des agents économiques et qui méritent d'être répondues de façon pratique dans le développement qui va suivre.

A- Définition de concepts

La quotité est le montant d'une quote-part. Ce terme de droit désigne la fraction d'un tout, une somme proportionnelle dans un partage. Une quotité peut être à régler ou à percevoir (le Dictionnaire Français).

Quant à la quotité cessible, elle se définit comme la portion maximale du salaire qui peut être cédée par un individu pour assurer le remboursement périodique de ses engagements vis-à-vis de sa banque ou de son employeur-prêteur. En d'autres termes, la quotité cessible est le pourcentage de la rémunération que le client autorise le banquier à prélever par rapport à ses engagements. Enfin, la quotité saisissable est le taux maximum que la Loi autorise la banque à saisir en cas d'insolvabilité du client, c'est-à-dire lorsqu'il est incapable de rembourser sa dette.

B- L'enjeu de la réforme de la quotité cessible en Côte d'Ivoire

1- Avant la réforme

Longtemps considérée comme un facteur bloquant pour accéder au crédit immobilier au sein de l'Union Economique et Monétaire Ouest Africaine (UEMOA) en général et particulièrement en Côte d'Ivoire, la quotité cessible limitait en effet la capacité d'endettement des particuliers à 33% de leur revenu, quel qu'en fût le montant.

Autrement dit, que votre rémunération soit de F CFA 100.000, 500.000, 1.000.000 ou même 3.000.000, la portion maximale de cette rémunération que vous pouviez consacrer au remboursement de votre dette ne pouvait excéder le taux fixe de 33%. Soit pour les quatre (04) niveaux de salaires indiqués plus haut, une valeur de quotité cessible de :

- 33.000 pour un salaire de 100.000 ;
- 165.000 pour un salaire de 500.000 ;
- 330.000 pour un salaire de 1.000.000 ;
- 990.000 pour un salaire de 3.000.000.

Pour aller plus loin dans l'analyse des difficultés d'accès au crédit avec le plafonnement de la quotité cessible à 33%, nous verrons, dans le cadre d'une simulation, que pour un crédit à long terme sur dix (10) ans soit 120 mensualités, la capacité brute d'endettement (hors taux d'intérêt) des mêmes quatre (04) niveaux de salaires serait la suivante :

- 33.000 * 120 = F CFA 3.960.000 pour un salaire de 100.000 ;
- 165.000 * 120 = F CFA 19.800.000 pour un salaire de 500.000 ;
- 330.000 * 120 = F CFA 39.600.000 pour un salaire de 1.000.000 ;
- 990.000 * 120 = F CFA 118.000.000 pour un salaire de 3.000.000.

Toutefois, combien de travailleurs ont-ils le privilège d'avoir une rémunération mensuelle nette de F CFA 3.000.000 ?

Disons même, combien de travailleurs ont-ils le privilège d'avoir une rémunération mensuelle nette de F CFA 1.000.000 ?

Pour ceux qui perçoivent un salaire net de F CFA 500.000, quel logement décent peuvent-ils acquérir de nos jours en deçà du coût de F CFA 50.000.000 (achat ou construction + aménagement) ?

Comment de si faibles capacités d'endettement des ménages pourraient-elles avoir un impact significatif sur le volume de crédit à l'économie et à fortiori sur le taux de crédit à l'économie (volume de crédit / Produit Intérieur Brut), lui-même un indicateur de croissance économique ?

2- Le Décret n°2014-370 du 18 juin 2014 relatif au régime de la quotité cessible et de la quotité saisissable

C'est pour corriger ces insuffisances et booster, par voie de conséquence, le volume du crédit à l'économie, que le Gouvernement de Côte d'Ivoire a signé le Décret n°2014-370 du 18 juin 2014 relatif au régime de la quotité cessible et de la quotité saisissable. En effet, le Gouvernement ivoirien a fait sauter le verrou de la limitation de la quotité cessible qui était de 33%.

En lieu et place, il a instauré des taux par tranches de rémunération. Ainsi, de :

- SMIG à 200.000 FCFA, le nouveau taux est de 35% ;
- 200 000 à 400.000 FCFA le nouveau taux est de 38 % ;
- 400 000 à 600.000 FCFA le nouveau taux est de 42% ;
- 600 000 à 800.000 FCFA le nouveau taux est de 45% ;
- 800 000 à 1.000.000 FCFA, le nouveau taux est de 48% ;
- 1 000 000 à 1.500.000 FCFA, le nouveau taux est de 52% ;
- au-delà de 2.000.000 FCFA, le nouveau taux est de 57%.

C- L'incidence sur la capacité d'endettement des ménages

Pour une meilleure compréhension de l'incidence de cette réforme de la quotité cessible sur la capacité d'endettement des ménages, nous allons reprendre l'exercice en appliquant les nouveaux taux aux quatre (04) niveaux de salaires pris en exemple plus haut. Soit :

- 35.000 pour un salaire de 100.000 ;
- 210.000 pour un salaire de 500.000 ;
- 480.000 pour un salaire de 1.000.000 ;
- 1.710.000 pour un salaire de 3.000.000.

En termes monétaires, pour un crédit à long terme sur dix (10) ans soit 120 mensualités, la capacité brute d'endettement (hors taux d'intérêt) des mêmes quatre (04) niveaux de salaires serait la suivante :

- 35.000 * 120 = F CFA 4.200.000 pour un salaire de 100.000 ;
- 210.000 * 120 = F CFA 25.200.000 pour un salaire de 500.000 ;
- 480.000 * 120 = F CFA 57.600.000 pour un salaire de 1.000.000 ;
- 1.710.000 * 120 = F CFA 205.200.000 pour un salaire de 3.000.000.

Le tableau comparatif ci-dessous met clairement en évidence les avantages monétaires que procure cette réforme de la quotité cessible.

SALAIRE	CAPACITE BRUTE D'ENDETTEMENT SUR 10 ANS		VARIATION	
	QUOTITE ANCIENNE (VALEUR)	QUOTITE NOUVELLE (VALEUR)	VALEUR RELATIVE (%)	VALEUR ABSOLUE (FCFA)
100.000	3.960.000	4.200.000	+6,06%	+240.000
500.000	19.800.000	25.200.000	+27,27%	+5.400.000
1.000.000	39.600.000	57.600.000	+45,45%	+18.000.000
3.000.000	118.000.000	205.200.000	+73,90%	+87.200.000

Figure 4. Tableau comparatif des avantages monétaires de la réforme de la quotité cessible en Côte d'ivoire

En conclusion, il apparait clairement que “plus la rémunération est importante, plus la capacité d'endettement sera importante. Favorisant ainsi les possibilités d'accession des ménages ivoiriens à la propriété immobilière”. Dixit le Ministre Bruno N. KONE, Porte-parole du Gouvernement ivoirien à l'époque de cette réforme.

Toutefois, il convient de noter que cette amélioration de la capacité d'endettement des ménages devra s'accompagner d'une application rigoureuse des nouveaux critères de la quotité cessible. Au risque de voir sa demande de crédit immobilier rejetée. Comme ce fut le cas pour D-D.O, cette fois par la Banque C.

II- La Banque C : l'obstacle infranchissable de la quotité cessible

Tirant les leçons de sa première tentative infructueuse de demande de crédit immobilier auprès de la Banque B, mais de guerre las, D-D.O a résolument entrepris de faire rectifier le permis de construire dont il disposait, en vue de le rendre conforme aux plans de construction de son immeuble (R+2). Ce qui équivaut en réalité à introduire une nouvelle demande de permis de construire, avec de nouveaux plans adaptés.

D-D.O eut l'opportunité de solliciter et d'obtenir un permis de construire de trois étages (R+3) et non plus R+2. A cet instant précis, il comprit et salua toute la clairvoyance et l'expérience du Maître d'œuvre, qui lui avait imposé en son temps, des travaux lourds et coûteux de fondation, destinée à un immeuble de R+4.

Seulement, la campagne promotionnelle de crédit immobilier lancée par la Banque B avait pris fin depuis belle lurette.

Contre mauvaise fortune, notre jeune entrepreneur a fait bon cœur, en saisissant la prochaine opportunité qui se présenta à lui en 2018 : une offre de crédit à la consommation, saisie auprès d'une autre banque commerciale, la Banque D, dans des conditions exceptionnellement favorables, en raison de sa durée peu ordinaire et de son taux débiteur très intéressant.

Comme quoi, la concurrence entre les banques commerciales profite énormément aux clients, qui osent négocier un crédit...

Les caractéristiques de ce prêt étaient les suivantes :

1- Crédit sollicité : F CFA 50.000.000 ;

2- taux d'intérêt : 8% ;

3- durée : 84 mois (7 ans) ;

4- rachat de l'encours de prêt Banque A (valeur 28/01/18) : F CFA 24.625.632.

La moitié de ce prêt a servi à racheter l'encours du prêt à la consommation de la Banque A. Puis, le solde disponible a permis à D-D.O d'avancer concrètement sur son projet. En effet, la dalle couvrant le premier (1er) étage du double-bâtiment, d'une surface de 750 m2, a été coulée avec succès. Ensuite, tous les murs (agglos) du deuxième étage ont été totalement élevés jusqu'au niveau de la préparation de la dalle de couverture du deuxième (2ème) étage. Ce fut une avancée notable et très motivante pour la suite du projet.

Mais D-D.O et ses amis du secteur bancaire étaient tous conscients que la meilleure solution pour boucler ce projet, c'était l'accès au crédit immobilier ; plus important en montant (pour couvrir les coûts de finition) et moins coûteux en échéance de remboursement (en raison de son taux d'intérêt moins élevé et de sa longue durée.

C'est ainsi qu'en 2020, D-D.O fut démarché par le Chef d'Agence d'une autre banque commerciale de sa localité d'emploi, la Banque C, pour une offre de crédit immobilier.

Sur cette base, la demande de prêt immobilier introduite auprès de la banque C le 1er juillet 2020, comportait les caractéristiques ci-après énumérées :

1- Montant du prêt : 200.000.000 XOF ;

2- durée de remboursement : 120 mois (10 ans) ; 3- taux d'intérêt annuel HT : 7% ;

4- différé de paiement en capital : 12 mois ;

5- rachat de l'encours du prêt à la consommation de F CFA 39.414.955 (valeur 20 juin 2020) auprès de la Banque D.

Après rachat de l'encours de prêt de la Banque D, le solde de F CFA 160.585.045, diminué des frais d'assurances (vie et chantier) et d'hypothèque devrait ainsi permettre de financer les travaux résiduels du gros œuvre, du second œuvre et de l'équipement du bâtiment.

Le traitement de cette demande de prêt immobilier a donné lieu à plusieurs échanges entre D-D.O, le Chef d'Agence et la Direction du Risque de la Banque C. En effet et suite à la vérification du bon ordre du dossier administratif, technique et financier (titres de propriété, plans et permis de construire, devis et plannings d'exécution des travaux), les discussions ont porté principalement sur la capacité d'endettement de D-D.O à hauteur de F CFA 200.000.000, au regard de sa quotité cessible.

Ainsi, les principales questions posées et répondues sont ci-après résumées :

1- Pour un prêt de F CFA 200.000.000 remboursable en 120 mensualités au taux annuel HT de 7%, quel sera le montant de l'échéance mensuelle de remboursement ?

Le tableau d'amortissement du prêt a permis de répondre à cette question. En effet, il ressort de son analyse que l'échéance mensuelle TTC est fixée à F CFA 2.394.964, comme illustré ci-dessous (extrait) :

TABLEAU D'AMORTISSEMENT DE VOTRE PRET

PRINCIPAL :	200,000,000
Taux Annuel HT:	7.00%
Durée :	120 mois
TOB :	10%
TAUX TTC :	7.70%
Commissions HT:	0
Annuité:	28,739,570.30
Somme décaissée	**200,000,000**
Commissions TTC:	0

Paiement mensuel:	**2,394,964**
Total Remboursé:	**287,395,703**

Pmt	Balance Début Période	Balance Fin Période	Principal Payé	Intérêt Payé TTC	Intérêt Payé HT	Tps sur Intérêt	Montant de L'Échéance	Mois	Année
1	200,000,000	198,888,369	1,111,631	**1,283,333**	1,166,667	116,667	2,394,964	0	0
2	198,888,369	197,769,605	1,118,764	1,276,200	1,160,182	116,018	2,394,964	1	1
3	197,769,605	196,643,663	1,125,943	1,269,022	1,153,656	115,366	2,394,964	2	1
4	196,643,663	195,510,495	1,133,167	1,261,797	1,147,088	114,709	2,394,964	3	1
5	195,510,495	194,370,057	1,140,439	1,254,526	1,140,478	114,048	2,394,964	4	1
6	194,370,057	193,222,301	1,147,756	1,247,208	1,133,825	113,383	2,394,964	5	1
7	193,222,301	192,067,179	1,155,121	1,239,843	1,127,130	112,713	2,394,964	6	1
8	192,067,179	190,904,646	1,162,533	1,232,431	1,120,392	112,039	2,394,964	7	1
9	190,904,646	189,734,654	1,169,993	1,224,971	1,113,610	111,361	2,394,964	8	1
10	189,734,654	188,557,153	1,177,500	1,217,464	1,106,785	110,679	2,394,964	9	1
11	188,557,153	187,372,098	1,185,056	1,209,908	1,099,917	109,992	2,394,964	10	1
12	187,372,098	186,179,438	1,192,660	1,202,304	1,093,004	109,300	2,394,964	11	1
13	186,179,438	184,979,125	1,200,313	1,194,651	1,086,047	108,605	2,394,964	12	1
14	184,979,125	183,771,110	1,208,015	1,186,949	1,079,045	107,904	2,394,964	1	2
15	183,771,110	182,555,344	1,215,766	1,179,198	1,071,998	107,200	2,394,964	2	2

Figure 5. Tableau d'amortissement du crédit de FCFA 200 millions

2- L'échéance mensuelle de F CFA 2.394.964 est-elle couverte par la quotité cessible de l'emprunteur D-D.O ?

Pour répondre à cette interrogation, il a fallu déterminer la quotité cessible de D-D.O et même l'ajuster, sur la base de leviers classiques et modernes.

A- Les leviers classiques de détermination de la quotité cessible

1- La rémunération mensuelle (salaire, sursalaire et primes)

Les trois derniers bulletins de salaire et l'attestation de travail faisant foi, la rémunération mensuelle nette de D-D.O est évaluée à F CFA 1.556.926.

Le taux applicable à cette tranche de salaire pour déterminer la quotité cessible est de 52% (Décret n°2014-370 du 18 juin 2014 relatif au régime de la quotité cessible et de la quotité saisissable). Soit une valeur de la quotité cessible de F CFA 809.601 pour un salaire net de 1.556.926.

2- Les revenus réguliers d'exploitation agricole, commerciale ou artisanale

Au regard de l'insuffisance de la valeur de sa quotité cessible déterminée sur la base de sa rémunération mensuelle nette, D-D.O a réussi à faire admettre par la banque C, la possibilité d'intégrer son revenu agricole dans le calcul de la valeur de sa quotité cessible. Il s'agit des revenus tirés de sa plantation d'hévéa, qui s'apparentent à un quasi-salaire au regard de leur régularité (10 mois de production annuelle).

Pour faire admettre le revenu agricole dans le calcul de la valeur de sa quotité cessible, la banque C a demandé à D-D.O de produire une attestation de plantation, délivrée par la Direction Régionale du Ministère de l'Agriculture de la zone d'implantation de sa parcelle d'hévéa, ainsi que l'engagement de domiciliation du revenu agricole, produit par la Compagnie de Caoutchoucs à laquelle il livre mensuellement sa production.

C'est d'ailleurs le lieu d'inviter les salariés qui mènent des activités agricoles de sortir de l'informel, en évitant de vendre leurs productions bord-champs. Sans aucune chance de traçabilité. Pour le cas spécifique des producteurs d'hévéa et des producteurs de palmier à huile, il faut s'employer à se faire identifier par un Usinier à l'aide d'un code fournisseur et procéder régulièrement à la livraison de sa production agricole auprès de cet usinier. Avec un ordre permanent de virement bancaire sur un compte que vous aurez communiqué à l'aide d'un Relevé d'Identité Bancaire (R.I.B). Cette traçabilité de vos revenus agricoles pourrait constituer un atout important dans la détermination de votre capacité globale d'endettement auprès du système bancaire. Comme ce fut le cas pour D-D.O dont les revenus agricoles étaient déjà traçables et domiciliés dans les livres de la banque D.

Le revenu agricole moyen mensuel a donc été évalué par l'usinier à F CFA 688.737 et intégré au revenu mensuel de D-D.O, en vue d'être pris en compte dans le calcul de la valeur de sa quotité cessible. Quel est alors le revenu mensuel global de D-D.O et quelle est son incidence définitive sur sa capacité d'endettement ?

F CFA 1.556.926 + 688.737 = 2.245.663.

Toujours au regard du Décret n°2014-370 du 18 juin 2014 relatif au régime de la quotité cessible et de la quotité saisissable, ce revenu mensuel actualisé, supérieur à F CFA 2.000.000, permet à l'emprunteur d'engager jusqu'à 57% dudit revenu dans le service de la dette. Soit F CFA 2.245.663 * 57% = 1.280.028.

Au terme de l'activation des leviers classiques de détermination de la valeur de la quotité cessible de D-D.O, elle reste largement insuffisante pour couvrir l'échéance mensuelle de F CFA 2.394.964.

C'est donc pour pallier les limites de ces leviers classiques que l'emprunteur va s'employer à ajuster sa capacité d'endettement en activant un levier dit moderne.

B- Un levier moderne d'ajustement de la valeur de la quotité cessible : le rachat de l'encours de prêts antérieurs.

Intégrer le rachat d'un encours de prêt dans son montage financier permet d'annuler le service de la dette et de reverser sur le salaire net, le montant de l'échéance payée mensuellement.

Ce qui a pour avantage d'ajuster à la hausse la base de calcul de la quotité cessible et donc de la valeur de la quotité cessible.

C'est dans cette optique que D-D.O a prévu d'utiliser une partie du prêt de F CFA 200.000.000 pour racheter l'encours de prêt à la consommation consenti par la banque D, d'un montant de F CFA 39.414.955. L'échéance mensuelle de remboursement de ce prêt, d'un montant de F CFA 873.858, reversée sur son salaire, devrait élargir la base de calcul et améliorer la valeur de la quotité cessible de D-D.O, comme suit : F CFA 1.556.926 + 688.737 + 873.858 = 3.119.521

Toujours au regard du Décret n°2014-370 du 18 juin 2014 relatif au régime de la quotité cessible et de la quotité saisissable, ce revenu mensuel actualisé, supérieur à F CFA 2.000.000, permet à l'emprunteur d'engager jusqu'à 57% dudit revenu dans le service de la dette. Soit F CFA 3.119.521 * 57% = 1.778.127.

Malheureusement pour D-D.O et en dépit de tous ses efforts d'ingénierie financière, sa quotité cessible, même ajustée, reste toujours inférieure à l'échéance mensuelle de

F CFA 2.394.964 que nécessite son besoin de financement de F CFA 200.000.000.

Pour un revenu mensuel net de F CFA 3.119.521, l'échéance de remboursement de F CFA 2.394.964 représenterait un taux de quotité cessible de l'ordre de 76,77%. Largement supérieur au taux maximum plafonné à 57% par le Décret n°2014-370 du 18 juin 2014 relatif au régime de la quotité cessible et de la quotité saisissable. Ce qui exposerait la banque à un risque légal et réglementaire, sanctionné par l'Autorité Monétaire12

A ce stade du traitement de la demande de prêt immobilier, soit D-D.O accepte de revoir à la baisse le montant du prêt sollicité, en l'ajustant à sa réelle capacité d'endettement (quotité cessible), soit sa demande serait purement et simplement rejetée à l'étape de la Direction du Risque de la Banque C. Pour non-respect de la quotité cessible.

Le montant de F CFA 200.000.000 ayant été sollicité sur la base du budget de finition des travaux et de mise en exploitation de l'immeuble, ainsi que de l'encours de prêt à la consommation qui devait être racheté pour assurer la solvabilité de l'emprunteur, il n'était pas envisageable de le revoir à la baisse. Le dossier a donc été rejeté.

Résumons la deuxième erreur commise par D-D.O : le non-respect de la quotité cessible. Chers Candidats au crédit immobilier, veillez à calculer cet indicateur important et à le corriger en cas de besoin. Ajuster votre besoin de financement bancaire à votre quotité cessible serait un atout.

---

[12]Le Secrétariat Général de la Commission Bancaire de l'UMOA veille au strict respect par les banques et établissements financiers, des ratios et normes prudentiels édictés par la Loi bancaire

Chapitre 3
ERREUR NUMERO 3
LA MAUVAISE EVALUATION FINANCIERE DU PROJET IMMOBILIER

I- Contexte

Et de deux.

Oui, D-D.O venait ainsi de subir un deuxième échec dans sa tentative d'accéder au crédit immobilier. Auprès d'une deuxième banque commerciale.

Le second échec fut d'autant plus durement ressenti par lui, que tous les leviers avaient été activés en vue d'ajuster sa quotité cessible. Sans succès. D-D.O n'était pas capable d'assurer le remboursement d'une dette à long terme de F CFA 200.000.000 (deux cent millions de francs). Ce, malgré la rentabilité avérée de son projet d'investissement immobilier. En effet, sa quotité cessible ne pouvait lui permettre de payer que F CFA 1.778.127 au titre du service mensuel de la dette. Là où son besoin de financement de F CFA 200.000.000 nécessitait un remboursement mensuel de F CFA 2.394.964.

Alors, que faire face à ce blocage, semblait s'interroger D-D.O, qui était ainsi confronté à un dilemme :

- revoir ses ambitions d'investissement immobilier à la baisse, dans les limites de sa quotité cessible ?
- Conserver le projet immobilier tel quel et repousser encore les limites de sa quotité cessible ?
- Renoncer au crédit immobilier et poursuivre le projet avec des prêts à la consommation, quitte à rallonger le délai d'exécution et le coût global de l'investissement ?

Autant de questions et d'interrogations qui ont occupé et préoccupé notre jeune salarié-entrepreneur, pendant de nombreux mois, soit d'août 2020 à février 2021. Ce délai de six (06) mois a été fort utile à D-D.O, pour évacuer la grosse pression psychologique consécutive au rejet, pour la deuxième fois et par une seconde banque commerciale, de sa demande de crédit immobilier.

Toutefois, au terme de cette période d'observation, des événements nouveaux sont survenus, rallumant du coup la flamme de l'espoir chez D-D.O. En effet, sa situation financière a connu des évolutions favorables, susceptibles d'améliorer sa capacité d'endettement :

- le paiement régulier des échéances mensuelles de remboursement des prêts en cours, a considérablement diminué le stock de la dette à court terme de D-D.O ;

- le salaire indiciaire de D-D.O a considérablement augmenté à partir de janvier 2021, à la faveur des décisions d'avancements et promotions du personnel méritant au sein de son institution-employeur ;

- le revenu agricole de D-D.O s'est nettement accru, au point d'atteindre une moyenne mensuelle à sept (07) chiffres, c'est-à-dire au moins un million de franc de recettes agricoles par mois.

Nous avons donc vécu de grands moments de banque et d'ingénierie financière, qui ont totalement relancé le dossier de crédit immobilier de D-D.O, avec cette fois-ci des chances de succès. Il s'agit du double rachat de ses encours de prêts à court terme. L'un auprès de sa banque (la même banque D) et l'autre, fait inédit, auprès de son employeur. Solution audacieuse, osée par une jeune et dynamique équipe commerciale de la banque D, dite “petite banque”, mais qui offre des produits et services innovants, à la grande satisfaction du client.

Comme observé dans le chapitre précédent, l'hypothèse du rachat de l'encours de prêt à la consommation de D-D.O auprès de la banque D par la banque C s'était avérée une solution non suffisante pour adapter sa quotité cessible à son besoin de financement. Le service de la dette à court terme contractée par ailleurs auprès de son employeur était assez important et pesait considérablement sur son revenu net. Il s'agissait précisément d'un stock de dette interne à court terme de l'ordre de F CFA 29.016.508, pour une échéance mensuelle de remboursement de 492.412.

La banque D a fait le choix de l'audace en repoussant les limites classiques du rachat des encours de prêt (jusque-là, pratiqué de banque commerciale à banque commerciale). En effet, le plan de financement élaboré par l'équipe commerciale de cette banque et soumis à la validation de son Comité de crédit prévoyait :

- le rachat de l'encours de sa propre créance à court terme détenue sur D-D.O (F CFA 34.921.416, résultant d'un prêt initial à la consommation de 50.000.000) ;
- le rachat de l'encours de la créance à court terme détenue sur D-D.O par son employeur (F CFA 29.016.508) ;
- le financement du projet immobilier à hauteur de F CFA 150.000.000.

Soit un concours financier de F CFA 213.937.924, à majorer des frais annexes (inscription en hypothèque et honoraires du Notaire, assurances vie et chantier, frais de dossier, dépôt de garantie, etc.) évalués à F CFA 16.269.061. Soit F CFA 213.937.924+16.269.061 = 230.206.985.

Cependant et au terme des nombreuses séances de travail entre D-D.O et les Analystes crédits de la Banque D, toutes les options de rachat des encours banque et employeur fixaient rigoureusement sa capacité d'endettement à F CFA 220.000.000. Pas au-delà.

Toutes les articulations de ce montage financier étant incompressibles en dehors du budget des travaux, D-D.O n'avait plus d'autre choix que d'y jeter un regard inquisiteur, en vue d'en déceler et corriger toute source de surévaluation.

II- La surévaluation due aux honoraires de l'Entrepreneur en bâtiment

L'Entrepreneur en bâtiment est un acteur très important dans la gestion d'un projet de construction immobilière. En général, c'est lui qui construit l'édifice conformément au plan de l'Architecte (un autre acteur important) et sous la supervision d'un Bureau de Contrôle Technique (BCT). En cette qualité d'exécutant du projet immobilier, l'Entrepreneur assure la Maîtrise d'œuvre du projet.

Cependant, certains Entrepreneurs coûtent très cher et le paiement de leur main-d'œuvre a tendance à grever sérieusement le budget global du projet. En effet, les paiements effectués au profit de l'Entrepreneur lui servent à acquérir les matériaux de construction, à payer les ouvriers spécialisés intervenant sur le chantier et bien sûr, à se payer lui-même.

Le risque, c'est la surévaluation du coût de votre projet immobilier, qui pourrait vous faire perdre des financements bancaires (ici par exemple, le coût du projet de D-D.O est évalué à F CFA **230.206.985,** pour une capacité d'endettement maximale de **220.000.000)**.

Le tableau ci-dessous retrace le retraitement, par D-D.O, du devis des travaux d'achèvement de la construction de son immeuble. Son postulat de base est que la main-d'œuvre de l'Entrepreneur ne doit pas excéder un taux de 30% du coût des travaux, quel que soit le corps d'état concerné.

TABLEAU DE RETRAITEMENT DU DEVIS DE LA MAIN-D'OEUVRE

AU TITRE DU GROS-OEUVRE

	MATERIAUX	MAIN D'OEUVRE	COUT TOTAL	RATIO MAIN-D'OEUVRE/ COUT TOTAL (%)	OBSER VATIONS	AJUSTEMENT SOUHAITE DE LA MAIN D'OEUVRE (30% MAXI DU COUT TOTAL)	REDUCTION DE LA MAIN-D'OEUVRE
DALLE 3	16,554,000	4,600,000	21,154,000	21.75%	<30%	RAS	
ELEVATION ETAGE 3	7,138,000	4,300,000	11,438,000	37.59%	>30%	3,431,400	868,600
DALLE 4	12,554,000	4,800,000	17,354,000	27.66%	<30%	RAS	
CREPISSAGE INTERIEU	10,110,000	5,250,000	15,360,000	34.18%	>30%	6,183,000	4,317,000
CREPISSAGE EXTERIE		5,250,000	5,250,000				
MATERIEL PLOMBERIE	0	4,300,000	4,300,000	100.00%	>30%	PM	
MATERIEL ELECTRICIT	0	4,800,000	4,800,000	100.00%	>30%	PM	
TOTAL GROS-OEUVRE	**46,356,000**	**33,300,000**	**79,656,000**				**5,185,600**

AU TITRE DU SECOND-OEUVRE

	MATERIAUX	MAIN D'OEUVRE	COUT TOTAL	RATIO MAIN-D'OEUVRE/ COUT TOTAL (%)	OBSER VATIONS	AJUSTEMENT SOUHAITE DE LA MAIN D'OEUVRE (30% MAXI DU COUT TOTAL)	ECONOMIE REALISEE
ETANCHEITE	3,980,000	1,300,000	5,280,000	24.62%	<30%	RAS	
STAFF PLAFOND	8,225,000	8,550,000	20,390,000	59.66%	>30%		
STAFF MUR		3,615,000				6,117,000	6,048,000
REVETEMENTS DURS	26,727,000	7,533,000	34,260,000	21.99%	<30%	RAS	
PEINTURE	4,430,900	6,500,000	10,930,900	59.46%	>30%	3,279,270	3,220,730
TOTAL SECOND-OEUV	**43,362,900**	**27,498,000**	**70,860,900**				**9,268,730**
TOTAL GENERAL	**89,718,900**	**60,798,000**	**150,516,900**	40.39%	>30%		**14,454,330**

Figure 6. Tableau de retraitement du devis de la main d'œuvre du projet de construction de l'immeuble

Il ressort de ce retraitement que pour un devis des travaux estimé à F CFA 150.516.900, seulement 89.718.900 sont destinés à l'acquisition des matériaux de construction et 60.798.000 sont consacrés à la main-d'œuvre. Cela signifie que 40.39% du financement que D-D.O sollicite auprès de la banque D, en l'état actuel des choses, sont destinés à payer les honoraires de l'Entrepreneur, plutôt que de l'aider à avancer sur son projet immobilier, objet du crédit.

Cela paraît excessif et à la limite égoïste de la part de cet Entrepreneur dont l'intention, apparemment, n'est pas d'aider D-D.O à achever son immeuble. A y voir de près, il n'hésiterait pas à abandonner le jeune entrepreneur avec son chantier inachevé, dès qu'il aurait perçu ses honoraires et que la source de financement aurait tari avant la fin du chantier.

Retenons qu'il est important de se donner les moyens de choisir de bons Entrepreneurs en bâtiments, surtout lors de nos premiers pas dans la construction immobilière.

Tous les efforts d'ingénierie financière avaient permis d'arrêter le besoin minimum de financement du projet immobilier de D-D.O à F CFA 230.206.985. Pour une capacité d'endettement maximale de 220.000.000.

Mais, grâce au retraitement du devis de la main-d'œuvre, D-D.O a découvert avec soulagement, que l'ajustement des honoraires de l'Entrepreneur à une proportion maximale de 30% du coût des travaux, permettrait de réduire le devis des travaux de l'ordre de F CFA 14.454.330.

Ce montant déduit du montant de 230.206.985 donne le résultat suivant : 230.206.985 - 14.454.330 = 215.752.655, contenu dans la capacité maximal e d'endettement de D-D.O, qui est de 220.000.000.

Sur cette base, D-D.O demanda, fermement, à l'Entrepreneur de réduire à hauteur de 14.454.330 son budget de la main-d'œuvre, afin de le contenir dans le ratio conventionnel de 30% du coût total. Faute de quoi, il se verrait dans l'obligation de mettre un terme à leur collaboration au profit d'un autre Entrepreneur. C'est ainsi qu'il obtint gain de cause.

Tous les risques juridiques et financiers ayant été traités en amont et le dernier obstacle levé, il ne restait plus à D-

D.O que d'introduire sa demande de crédit immobilier d'un montant de F CFA 220.000.000.

C'est ainsi que le Comité de crédit de la banque D marqua son accord pour l'octroi d'un crédit immobilier en faveur de D-D.O, du montant sollicité.

Après l'accomplissement de toutes les formalités liées à un accord de crédit immobilier, la mise en place de ce prêt s'est faite en deux étapes, conformément aux procédures de la banque D.

Ainsi :

- la première tranche des fonds a été décaissée dès le 14 avril 2021, pour un montant de F CFA 170.000.000 ;
- la seconde tranche, d'un montant de F CFA 50.000.000, a été décaissée le 10 décembre 2021.
- les caractéristiques du crédit immobilier, mentionnées sur le tableau d'amortissement, sont les suivantes :

✓ taux d'intérêt débiteur Hors Taxes (HT) : 8,5% ;
✓ Taux Effectif Global (T.E.G) : 9,412274% ;
✓ Remboursement : mensuel
✓ Durée : 132 mois Différé en capital : 12 mois

Le tableau ci-dessous a permis à l'heureux bénéficiaire de ce crédit immobilier d'honorer tous les engagements liés, puis de dégager un solde considérable pour financer les travaux de finition de son immeuble. Soit F CFA 139.987.605. Il nous souvient que le devis initial des travaux, de F CFA 150.516.900, corrigé de 14.454.330, avait été ramené à 136.062.570.

Ce qui signifie, à priori, que le solde disponible du prêt devrait couvrir totalement le coût de finition des travaux de l'immeuble de DDO.

GESTION DU CREDIT IMMOBILIER ACCORDÉ	
MONTANT MIS EN PLACE (EN F CFA)	***220,000,000***
RACHAT ENCOURS BANQUE D	***34,397,954***
RACHAT ENCOURS EMPLOYEUR	***27,526,772***
ASSURANCE VIE	***1,283,333***
ASSURANCE CHANTIER	***577,500***
HYPOTHEQUE	***5,729,640***
COMMISSION DE MISE EN PLACE	***4,840,000***
RETENUE DE GARANTIE	***5,657,196***
DISPONIBLE POUR TRAVAUX (GROS-OEUVRE, SECOND OEUVRE, FINITION)	***139,987,605***

Figure 7. Décomposition du crédit immobilier obtenu

Mais qu'en est-il au terme de l'utilisation du solde disponible ?

Quel est le niveau d'exécution des travaux de construction de l'immeuble de D-D.O ?

Figure 8. La situation du chantier avant l'accord de crédit immobilier (avril 2021)

Figure 9. La situation du chantier après l'accord de crédit immobilier (mars 2022)

À vue d'œil, le chantier a connu un précieux coup d'accélérateur, grâce au crédit immobilier de F CFA 220.000.000 accordé à D-D.O par la Banque D. Le solde disponible de F CFA 139.987.605 a permis de réaliser l'ensemble des travaux du gros-œuvre (y compris la tuyauterie électricité-plomberie-climatisation-téléphonie-vidéosurveillance) et d'entamer les travaux de certains corps d'état du second-œuvre (filerie électricité, alimentation plomberie, staff du plafonnage et menuiserie métallique).

Mais au regard des contraintes de coûts liées à l'alignement du niveau de standing sur celui des immeubles environnants (enjeu de compétitivité de l'offre) et surtout la hausse généralisée des prix des matériaux de construction, le solde disponible du crédit immobilier s'est avéré insuffisant pour achever la construction de l'immeuble de D-D.O et sa mise en exploitation. L'inflation est passée par là.

III- L'évaluation du coût du projet biaisée par l'inflation

A- Comprendre l'inflation (revue de littérature)

Selon WIKIPEDIA, le terme inflation provient du latin : le substantif « inflatio » qui signifie gonflement, dilatation, est issu du verbe « flare » qui signifie souffler.

Jusque dans les années 1960, l'inflation désigne l'excès de moyens monétaires par rapport à l'offre (phénomène dont la hausse des prix et la perte de pouvoir d'achat de la monnaie résultent). Ainsi, Gaël Fain13 définit l'inflation comme « un excès de la demande solvable sur l'offre. La hausse des prix en étant la conséquence ».

Aujourd'hui, les définitions sont :

- de portée plus générale comme : L'inflation est « la perte du pouvoir d'achat de la monnaie matérialisée par une augmentation générale et durable des prix »[14] ;

---

[13] *Le Dictionnaire des Sciences Economiques*, PUF 1956

[14] Définition [archive] de l'inflation sur le site de l'Insee.

- de nature plus systémique comme celle de G.Olive[15] qui se refuse à associer l'inflation à un mécanisme inflationniste particulier. Pour lui l'inflation est :

1. La hausse du niveau général des prix (et non la hausse des prix de quelques produits),
2. un phénomène auto-entretenu de hausse des prix : une hausse en entraîne d'autres (et non un phénomène isolé ou accidentel),
3. une hausse des prix fondée sur des mécanismes macroéconomiques qui mettent en jeu l'interdépendance de tous les mécanismes et parties de l'économie (production, répartition, formation des prix, distribution, etc.).

Concernant les causes, il existe quatre principaux facteurs à l'origine de l'inflation clairement énoncés ici[16] :

- **L'inflation par excès de masse monétaire**

Certains économistes considèrent que l'inflation apparaît lorsque le stock de monnaie circulant dans l'économie est trop élevé par rapport à la quantité de biens et services offerts. Dans ce cas, un excès de masse monétaire créé par les banques commerciales ou par le financement du déficit public par la banque centrale est à l'origine de l'inflation. Cette dernière est donc alimentée par un excès de demande et la dépréciation du taux de change.

---

15 Inflation de quoi parlons-nous ?, Dossiers Économie et Statistique no 77, avril 1976

16 © 2016-2022 - Le Mag de l'Economie édité par My Beautiful Company - Mentions légales

- **L'inflation par la demande**

Ce type d'inflation est constaté lorsque la demande de produits ou de services augmente mais l'offre ne parvient pas à s'adapter à ce surcroît de demande. Les entreprises mettent en place des programmes d'investissement pour augmenter leur production et augmentent leurs effectifs. Ce qui contribue à stimuler l'activité économique et la demande globale des ménages. Toutefois, tant que les quantités créées ne parviennent pas à s'adapter à la demande globale, la hausse des prix perdure.**L'inflation par les coûts**

Figure 10. Evolution du cours de l'euro en dollar

Le prix d'un produit peut être amené à augmenter lorsque son coût de fabrication s'accroît ou parce que les prix des produits qui le composent augmentent.

L'augmentation du coût des matières premières pèse sur les coûts de production des entreprises. Lorsque ces matières premières sont achetées à l'étranger, on parle d'inflation importée. L'inflation par les coûts peut conduire à une spirale inflationniste. En effet, pour préserver leurs marges bénéficiaires, les entreprises sont incitées à augmenter leurs prix.

- **L'inflation importée**

La dépréciation d'une monnaie par rapport au dollar ou aux autres principales devises de facturation du commerce mondial comme le Yen, l'Euro ou la Livre Sterling, génère une hausse du prix des produits importés. Cette inflation se répercute sur l'ensemble des secteurs de l'économie et affecte essentiellement les entreprises et les ménages. Ce phénomène peut être lié à une importante augmentation des cours des produits énergétiques et agricoles sur les marchés mondiaux.

Autrement dit, il y a inflation importée lorsque les hausses de coûts résultent de l'augmentation des prix des biens importés, qu'il s'agisse de matières premières, de biens semi-finis ou de produits finis.

C'est d'ailleurs la thèse de l'inflation importée que semble développer l'économiste Guillaume LIBY17 pour expliquer la hausse des prix constatés sur les marchés africains en général et ivoirien en particulier. Selon lui, quatre (4) raisons expliquent la hausse des prix actuels :

1. Les prix ont augmenté dans les pays développés d'où nous importons plus de 40% de nos aliments. Cette hausse dans ces pays est due à un décalage entre la forte reprise de la consommation consécutive à la levée de plusieurs mesures de restriction liées à la COVID 19 et l'outil de

---

[17]Economie pour tous : pour tout comprendre, L'Harmattan, 2019

production et de distribution mondiale qui peine à se mettre au diapason. Tous les pays africains qui sont essentiellement importateurs nets subissent de plein fouet cette inflation importée. Les pays à régime de change fixe comme ceux de la zone F CFA amortissent plus en douceur (résilience) cette hausse que les autres pays ;

2. les prix des ressources énergétiques (pétrole et gaz) sont à la hausse, ce qui se répercute de facto sur les coûts de production, de distribution et in fine sur le prix au consommateur ;

3. la rareté de l'offre a créé une incitation, pour les compagnies de transport et logistique maritime, à servir d'abord les pays "développés" depuis l'Asie qui est, comme chacun le sait, l'usine du monde. Les dessertes des autres continents sont donc moins lubrifiées. Du coup nous importons des articles chers mais dont la régularité n'est pas évidente, ce qui en augmente les coûts ;

4. de manière plus particulière, les perturbations dans le commerce régional avec les mesures de rétorsion de la CEDEAO[18] consécutives à l'"épidémie" des Coups d'Etats survenus dans trois (03) Etats membres, contribuent à accentuer la rareté de l'offre et la montée des prix.

Au regard de ce contexte d'inflation importée, où la plupart des matériaux de construction ou leurs intrants importés, se sont raréfiés sur le marché et ont connu des hausses vertigineuses de leurs prix de vente, D-D.O n'avait pas d'autre choix que de retourner vers sa banque, afin de solliciter une rallonge au crédit immobilier obtenu.

---

[18]Communauté Economique des Etats de l'Afrique de l'Ouest

B- Un crédit immobilier complémentaire pour compenser la perte du pouvoir d'achat

Plusieurs séances de travail se sont tenues entre D-D.O et son Gestionnaire de compte, afin d'analyser la situation tendue de sa trésorerie.

Alors que l'état d'avancement des travaux était estimé à 75% par les Techniciens, y compris ceux commis pour évaluation par la banque prêteuse.

Un taux jugé satisfaisant par cette banque, qui a même admis le principe d'accorder une rallonge financière à D-D.O. Ainsi, il introduisit le 04 mars 2022, une demande de rallonge pour l'achèvement des travaux et la mise en production de son immeuble.

A cette demande, il fut joint un état récapitulatif et exhaustif des dépenses effectuées dans le cadre de l'exécution du crédit accordé. Également, le devis des travaux restant à exécuter au titre du second-œuvre, pour justifier la demande de rallonge de crédit. Devis arrêté à la somme de F CFA 163.809.024 (voir tableau ci-dessous).

DALLE 3-ETAGE 03-DALLE 04-CREPISSAGE INTERIEUR ET EXTERIEUR-
SECOND ŒUVRE

DEVIS ESTIMATIF DES TRAVAUX RESTANTS A REALISER : SECOND-ŒUVRE

DESIGNATION DES TRAVAUX	QUANTITE	PRIX UNITAIRE	MONTANT
ETANCHEITE	1.00	15,398,000	15,398,000
STAFF	1.00	13,461,000	13,461,000
MENUISERIE ALUMINIUM	1.00	13,181,090	13,181,090
MENUISERIE METALLIQUE	1.00	7,500,000	7,500,000
PLOMBERIE SANITAIRE	1.00	19,854,875	19,854,875
ELECTRICITE	1.00	12,164,500	12,164,500
CAMERAS DE SURVEILLANCE	1.00	11,349,600	11,349,600
REVETEMENT DURS	1.00	26,992,459	26,992,459
MENUISERIE BOIS	1.00	34,770,000	34,770,000
PEINTURE	1.00	8,002,500	8,002,500
PROTECTION INCENDIE	1.00	1,135,000	1,135,000
MONTANT TOTAL TTC			163,809,024

<u>ARRETE LE MONTANT DU PRESENT DEVIS A LA SOMME DE FRANCS CFA :</u> CENT SOIXANTE TROIS MILLIONS HUIT-CENT NEUF MILLE VINGT QUATRE FRANCS .

Abidjan, le 07/03/2022

LE DIRECTEUR GENERAL

Figure 11. Devis des travaux résiduels

En outre et à la demande de la banque D, une évaluation commerciale a été réalisée par une Agence de gestion immobilière agréée par ladite banque. Les résultats de cette évaluation commerciale sont très optimistes quant à la forte rentabilité du projet immobilier de D-D.O et de son attractivité immédiate (taux d'occupation), au regard de sa situation géographique (Commune de Cocody, quartier chic de la Riviera Palmeraie) et du standing de la construction (pièces spacieuses, cuisines équipées, chambres et toilettes meublées de placards, chauffe-eau et climatiseurs installés, parking intérieur, vidéosurveillance et vidéophonie, etc.).

Le rapport de l'expertise commerciale réalisée annonce des revenus locatifs mensuels de l'ordre de F CFA 7.400.000, repartis ainsi qu'il suit :

TYPE APPARTEMENT	LOYER MENSUEL	QUANTITE	TOTAL
3 PIECES STANDARD	350 000	2	700 000
3 PIECES AMELIOREES	400 000	3	1 200 000
4 PIECES	500 000	8	4 000 000
PENTHOUSE	1 500 000	1	1 500 000
TOTAL MENSUEL		**14**	**7 400 000**

Figure 12 : Analyse des loyers mensuels de l'immeuble

Mieux, la prise en compte de ce revenu futur, disponible à brève échéance, a été un atout majeur dans la détermination de la capacité d'endettement de D-D.O. Le tableau ci-joint montre d'ailleurs à quel point il est solvable et mérite ce financement complémentaire.

TABLEAU D'AMORTISSEMENT DU PRET IMMOBILIER COMPLEMENTAIRE M. OUATTARA
OBJET : EQUIPEMENT COMPLET D'UN IMMEUBLE R+3 DE 13 APPARTEMENTS DE STANDING+PENTHOUSE, A LA RIVIERA PALMERAIE (COMMUNE DE COCODY)

PRINCIPAL :	180,000,000	
Taux Annuel HT:	8.50%	
Durée :	132	mois
TPS :	10%	
TAUX TTC :	9.35%	

Client: OUATTARA
Compte

REVENUS ACTUELS (MOYENNE)

SALAIRE	1,500,000
SURSALAIRE	600,000
REVENU AGRICOLE	1,000,000
TOTAL	**3,100,000**

RECETTES PREVISIONELLES DE LOYER (DONNEES PESSIMISTES)

Type Appartement	PU	Quantité	S/Total
Appartements de 4 pièces (avec 3 salles d'eau)	*400,000*	*8*	*3,200,000*
Appartements de 3 pièces (avac 3 salles d'eau)	*350,000*	*3*	*1,050,000*
Appartements de 3 pièces (avac 2 salles d'eau)	*300,000*	*2*	*600,000*
Penthouse	*1,500,000*	*0*	*0*
TOTAL		**13**	**4,850,000**

TOTAL REVENUS			**7,950,000**
ENGAGEMENTS			
Ref	**Montant**	**Echéance**	**Remboursement périodique**
PRET N°7042738/1	170,000,000	**20/08/2022**	**2,189,201**
PRET N°7887003/1	50,000,000	**20/08/2022**	**644,545**
TOTAL	220000000	**20/08/2022**	**2,833,746**
CREDIT COMPLEMENTAIRE SOLLICITE			
PRET N°.......	180,000,000	**20/08/2022**	**1,402,500**
TOTAL ENGAGEMENTS	400,000,000	**20/08/2022**	**4,236,246**
TAUX D'ENDETTEMENT (TOTAL ENGAGEMENTS /TOTAL REVENUS)			**53.29%**

Figure 13. Analyse du taux d'endettement du demandeur de crédit immobilier

Au regard de tous ces facteurs favorables, la banque D a décidé d'accompagner D-D.O jusqu'au bout de son investissement immobilier, en lui accordant un crédit immobilier complémentaire (rallonge) de F CFA 180.000.000, aux mêmes conditions que le crédit principal. Mais avec un différé en capital de quatre (04) mois, le temps nécessaire pour achever les travaux et signer les premiers contrats de bail (avec leur corollaire de paiement des cautions et avances de loyers).

Ce crédit complémentaire accordé porte le concours global de la banque D à F CFA 400.000.000 (quatre cent millions de francs) au profit de D-D.O.

Le 22 juillet 2022, la première tranche du prêt complémentaire, d'un montant de F CFA 117.000.000 a été mise en place au crédit du compte de D-D.O.

En dehors du montant total de F CFA 10.765.610 qui en a été déduit au titre des assurances (vie et chantier), hypothèques et commission de mise en place, tout le solde, soit 106.234.390, a servi à financer le chantier, en attendant la dernière tranche.

Le 07 septembre 2022, la dernière tranche de F CFA 63.000.000 a été débloquée en faveur de D-D.O, qui a décidé de mettre les bouchées doubles, afin de livrer l'immeuble à la fin du mois d'octobre 2022, c'est-à-dire avant la fin de la période de différé en capital (fin novembre 2022). L'enjeu, c'est que les recettes d'exploitation de l'immeuble puissent assurer le service de la dette et que la part des revenus mensuels actuels consacrés à ce service de la dette, vienne en augmentation du revenu net de D-D.O...

A cette étape, il convient de résumer la nature de la troisième erreur à éviter : la mauvaise évaluation financière du projet. Une bonne évaluation financière d'un projet immobilier est alimentée d'abord par des données techniques produites par le maître d'œuvre. Puis, il faut y intégrer les informations financières livrées par la banque en termes de taux d'intérêt, de commission à régler, de la prime de l'assurance-vie sur la tête du demandeur. Ces éléments sont classiques. Ce que les analystes-crédit omettent souvent est la hausse non maîtrisée des coûts des matériaux qui lorsqu'elle se produit peut paralyser l'exécution du projet.

CONCLUSION

Au terme de ce “parcours du combattant”, le lecteur constate que l'accès au crédit immobilier est certes difficile, mais les obstacles ne sont pas insurmontables.

Il est à espérer que les erreurs commises, puis corrigées par le personnage principal de cet ouvrage soient capitalisées par les futurs candidats au crédit immobilier, améliorant ainsi leurs chances de succès.

Notre approche pratique, basée sur un partage d'expérience réellement vécue par le personnage principal D-DO, explique la limitation des motifs de rejet des demandes de crédit immobilier à trois (03). Sinon, il pourrait en exister d'autres.

POSTFACE 1

J'ai lu avec un immense plaisir cette belle œuvre écrite par Mohamed OUATTARA, mon condisciple du Centre Africain d'Etudes Supérieures en Gestion (CESAG) du Sénégal. Ce livre m'inspire cinq (5) messages dont les trois premiers résonnent parfaitement avec les leçons que j'ai apprises de trois (3) de mes mentors en philosophie : Gaston Bachelard, René Descartes et Karl Popper. Ces personnages m'accompagnent toujours dans ma quête personnelle de connaissances.

Le premier message est la production de connaissances. La Bible ne dit-elle pas à raison que *« Mon peuple périt par manque de connaissances, dit l'Eternel »* ? Mohamed OUATTARA à travers cette œuvre nous a produit de la connaissance bancaire et financière, pour éviter que ne périssent les nombreux candidats au crédit immobilier sous nos tropiques. Gaston Bachelard, épistémologue français des sciences n'affirme-t-il pas que toute connaissance est une réponse à une question ? Dans notre cas, Mohamed OUATTARA a répondu à la question de la stratégie d'accès au crédit immobilier dans un environnement bancaire ivoirien difficile et quelque peu réfractaire, par moments, à la prise de risques. Mon autre condisciple du CESAG, plus précisément de la filière Mastère Banque et Finance Landry Kader DIALLO, actuel Directeur du réseau et des particuliers de la Bridge Bank, nous a d'ailleurs présenté des statistiques assez éloquentes en la matière, dans la deuxième préface de l'ouvrage.

Le second message que cette publication m'inspire s'appuie sur René Descartes, le père du discours de la méthode. À cet égard, mon ami Mohamed a pratiqué ce qu'il a prêché à sa progéniture Nourah - je me souviens qu'il avait offert l'année dernière (2021) comme cadeau à sa fille fraîchement admise à l'examen du baccalauréat, un exemplaire du fameux ouvrage " Le discours de la méthode "-. À travers le personnage principal D-DO, Mohamed OUATTARA a donc clairement posé sa problématique, mais il a surtout usé de méthodes rigoureuses pour aller progressivement vers l'atteinte de son but final. Il lui a fallu délivrer chacun des 9 documents exigés par ses banques pour l'accès au crédit immobilier. Ensuite, il a dû corriger la dissonance entre l'énoncé R+2 du projet de construction de l'immeuble et l'autorisation du Ministère de tutelle portant plutôt sur un immeuble R+1. Puis il a déployé sa science financière et sa maîtrise des arcanes juridiques relatives à la quotité cessible pour valider ce ratio prudentiel fondamental requis par les banques commerciales et suivi de près par la BCEAO.

Poser le problème, développer des méthodes pour le résoudre sont les deux premières étapes suivies par l'auteur.

Puis, arrive **le troisième message** qui lui me vient de Karl Popper, épistémologue juif des sciences. Pour Karl Popper, un énoncé ou des travaux ne peuvent être qualifiés de scientifiques que s'ils sont falsifiables. Attention ! ce terme de falsifiabilité pourrait prêter à confusion. Il signifie simplement que l'on devrait pouvoir dire si l'énoncé est vrai ou faux de façon factuelle. En l'occurrence, peut-on attester la véracité ou non des résultats obtenus par Mohamed OUATTARA à l'issue de sa démonstration ?

Pour y répondre, j'invite le lecteur à consulter la Centrale des risques de la BCEAO. Il y trouvera le crédit consolidé de F CFA 400 millions (220+180 millions) en face du nom de D-D.O, le personnage de l'allégorie que notre auteur a utilisée. Dès lors, l'aspect scientifique du magnifique travail de Mohamed OUATTARA ne souffre d'aucun doute. Par conséquent, tous les demandeurs de crédits immobiliers des huit (08) pays de l'Union Economique et Monétaire de l'Afrique de l'Ouest (UEMOA) : Bénin, Burkina Faso, Côte d'ivoire, Guinée-Bissau, Mali, Niger, Sénégal, Togo et bien au-delà, tous les pays de l'espace francophone gagneraient à lire ce manuel alliant simplicité et haute technicité.

A présent, mon **quatrième message**. Dans l'allégorie contée par Mohamed OUATTARA, le personnage principal a un ami qui a connu un succès fulgurant et tout aussi éclatant, mais en utilisant un financement alternatif au crédit immobilier. Il s'en suit donc, qu'au-delà des 3 erreurs évoquées par l'auteur, essentiellement d'ordre microéconomique, il m'a semblé percevoir dans la première partie de l'ouvrage une 4ème erreur d'ordre macroéconomique : le blanchiment des capitaux. Car si D-D.O est un modèle, son ami Michel Z est le prototype parfait du contre-modèle contre lequel nos Etats doivent sévir dans la lutte contre le blanchiment des capitaux. Pourquoi ? Souvenez-vous de la notion d'inflation présentée par l'auteur. A cause de ce phénomène, D-D.O a dû recourir à un crédit immobilier complémentaire, une véritable rallonge de F CFA 180.000.000 (cent quatre-vingt millions de francs). Réexaminons l'inflation à la lumière du blanchiment de capitaux. Mohamed OUATTARA nous dit dans son ouvrage que « Certains économistes considèrent que l'inflation apparaît lorsque le stock de monnaie circulant dans l'économie est trop élevé par rapport à la quantité de biens et services offerts ». La monnaie désigne l'ensemble des moyens de paiement détenus par les agents économiques non financiers au nombre desquels l'on peut citer les ménages, les entreprises non financières, l'Etat, les Associations, etc. Toute quantité de monnaie admet des contreparties au nombre de 3 essentiellement. Ce sont le Crédit à l'économie, les Réserves de change et les stocks d'or. La Banque Centrale veille à ce que l'équilibre entre les disponibilités détenues par les agents économiques non financiers aient une contrepartie bien identifiée. Or que fait le blanchiment ? En faisant entrer des masses d'argent sans contrepartie dans l'économie c'est-à-dire assises ni sur de l'or, ni sur du crédit, encore moins sur des réserves de change, le blanchiment augmente frauduleusement la masse monétaire et provoque ainsi de l'inflation qui in fine conduit à la perte du pouvoir d'achat des populations, donc à la pauvreté. Voilà pourquoi le blanchiment est un mal contre lequel l'Etat se doit de déployer tout l'arsenal anti-corruption idoine.

C'est la 4ème erreur à éviter.

Notre personnage D.D-O a vécu les effets de l'inflation causée quelque part par la masse des Michel Z. Pour résumer ma pensée, je formule une sorte de théorème pour dire que chaque fois qu'un Michel Z, c'est-à-dire un adepte du financement alternatif, construit un (01) immeuble ce sont au moins 20 (vingt) D.D-O qui en supportent les fâcheuses conséquences à travers l'inflation. Bref.

Mon **cinquième et dernier message** est lié à la qualité des personnes dont Mohamed OUATTARA a eu le mérite de s'entourer dans le cadre de ce projet scientifique. Appliquant ainsi rigoureusement la célèbre citation de John Fitzgerald KENNEDY : "L'art de la réussite consiste à savoir s'entourer des meilleurs". Je veux citer mon Aîné Guillaume LIBY, Ex-Directeur Général de la Banque Panafricaine UBA et auteur d'un ouvrage de référence en matière économique et intitulé "Economie pour tous : pour tout comprendre", qui a généreusement offert ses compétences pour élaborer la première préface de l'ouvrage. Avec Guillaume LIBY, je voudrais aussi saluer tous les experts en économie, banque et finance, membres du Comité de lecture constitué par Mohamed OUATTARA[19] pour l'accompagner dans son projet de production d'un ouvrage scientifique. Nul doute que leurs inputs de qualité ont contribué à obtenir cet ouvrage de si belle facture.

Concernant l'auteur Mohamed OUATTARA -que je continue d'appeler affectueusement « Président » parce qu'il fut le Président de l'Association des Étudiants-Managers du CESAG lorsque nous y étions en formation en 2001- je le présente comme un modèle de réussite sociale et intellectuelle. Réussite sociale d'une part, car il cumule à ce jour plus de 17 ans de carrière en qualité d'Economiste de Gestion au sein de la prestigieuse Banque Centrale des Etats de l'Afrique de l'Ouest (BCEAO). Réussite intellectuelle d'autre part, par sa décision d'apporter par écrit ses réponses pertinentes à une problématique nationale voire mondiale : l'accès au crédit immobilier. En effet,

[19] L'auteur les a nommément cités dans la rubrique des remerciements

selon les statistiques de la Banque Mondiale, la Côte d'ivoire affiche un taux de crédit à l'économie de 21,1% de son Produit Intérieur Brut (PIB) en 2020. Rappelons que le PIB est l'indicateur de richesse d'une nation. Autrement dit, pour F CFA 100 de richesse produite les opérateurs économiques ivoiriens (particuliers et entreprises notamment) se voient accordés un montant de F CFA 21,1 de crédit. A titre comparatif et toujours en 2020, la France affiche un taux de crédit à l'économie de 122,4% et les Etats-Unis d'Amérique, mon pays d'adoption, un taux de 216,6%. En règle générale, les pays développés se caractérisent par des taux très élevés de crédit à l'économie.

Face à ce constat l'on peut émettre l'hypothèse selon laquelle la pauvreté de nos Etats africains pourrait s'expliquer en partie par la faiblesse de nos taux de crédit à l'économie.

Ainsi en s'attaquant à une telle problématique, Mohamed OUATTARA va au-delà de la finance pour promouvoir la paix, une denrée si précieuse pour le développement économique et social des nations. Pourquoi ?

Pour la simple raison que lorsque la pauvreté frappe à la porte, l'amour s'enfuit par la fenêtre, et si l'amour disparaît, que restera-t-il ? La haine bien sûr. Or la haine est la mère de toutes les guerres humaines.

Par la solution qu'il apporte à l'équation à multiples variables de l'accès au crédit immobilier, à travers l'expérience concrète de son personnage principal D-DO et l'exposition de ses résultats couronnés d'un succès financier éclatant, l'auteur montre la voie à suivre à tous les Cadres d'ici et d'ailleurs.

Je suis convaincu qu'ils ne sont pas nombreux, les clients particuliers des banques commerciales ayant une exposition de F CFA 400 millions dans le registre de la Centrale des risques de la BCEAO. Pour mémoire, la Centrale des risques est un document centralisateur de tous les débiteurs des banques commerciales.

Il convient donc de saluer à sa juste mesure, l'exploit intellectuel, émotionnel voire spirituel réalisé par mon brillant condisciple du CESAG. Au plan émotionnel et spirituel Mohamed OUATTARA, Prince africain de son état dont le père (feu Assehou OUATTARA) fut le 30ème Chef de Canton de Kong, a dû certainement bénéficier de la bénédiction des mânes de ses ancêtres issus de la lignée de l'Empereur Sékou OUATTARA du royaume de Kong.

Au terme de cette postface, que dire de plus sinon encourager toutes nos populations à s'arracher cet ouvrage et à s'imprégner des conseils pratiques de Mohamed OUATTARA, afin de rendre le Crédit immobilier accessible à tous, d'abord en Côte d'ivoire ma terre natale et mon pays de cœur ; ensuite dans toute l'Afrique subsaharienne.

Fait à Houston Texas, le 25 octobre 2022

Lucien CAMARA,
Panafricaniste
Citoyen Américain
Chef d'entreprise
Maître de conférences à l'Institut Technique de Banques de Paris (2006-2019)
Diplômé du Mastère en Banque et Finance du CESAG Dakar Sénégal

Diplômé de la Maîtrise des Sciences et Techniques Comptables et Financières (MSTCF) de l'Université de Cocody Abidjan Côte d'Ivoire

Certified Fraud Examiner, Austin USA

Courtier agréé en assurance-vie auprès des États de la Californie, du Minnesota et du Texas aux États Unis d'Amérique

Fondateur de l'Observatoire Libre des Banques Commerciales de Côte d'ivoire (OLBCI) (Groupe Facebook regroupant plus de 68 mille membres)

Auteur de plusieurs ouvrages dont :

- La gestion des risques dans les Institutions de Microfinance

- Devenez charismatique : apprenez à parler en public (disponible sur www.amazon.fr) ;

- Le FOREX, un métier d'avenir en Afrique

POSTFACE 2

Le Président Franklin Delano Roosevelt a dit et je cite : « L'immobilier ne peut pas être perdu ou volé, et il ne peut pas être emporté. Acheté avec bon sens, payé en totalité, et géré avec raison, il est le placement le plus sûr du monde ». Cet ouvrage de Monsieur Mohamed OUATTARA, Cadre de Banque expérimenté, Fonctionnaire International, Diplômé du prestigieux CESAG (MBA), fidèle ami de longue date, vous offre un voyage à travers les différentes étapes destinées à vous permettre de construire votre patrimoine immobilier.

L'auteur vous invite à « Rêver...Grand » et démontre que lorsqu'on est déterminé et que l'on accepte la privation tout devient possible, ainsi l'on peut se retrouver à utiliser ses revenus salariaux, son épargne constituée, ses primes exceptionnelles (gratifications de fin d'année etc.), ses revenus agricoles, les possibilités de financement offertes par son employeur, les emprunts bancaires (à la consommation puis immobilier), les consolidations de prêts, les crédits fournisseurs, les cautions et avances des futurs locataires et même céder d'autres propriétés foncières moins rentables pour finaliser son projet d'investissement locatif et créer les conditions de votre liberté financière. Tous ces éléments présentés dans ce livre sont issus d'expériences vécues et d'observations. La constitution de votre patrimoine immobilier vous révélera à vous-même. En suivant les conseils de l'auteur, vous mettrez le maximum de chances de votre côté pour que votre projet soit couronné de succès.

Bien souvent, lorsqu'on investit pour la première fois, on a des doutes et on éprouve des craintes. Il est vrai que les montants engagés sont quelques fois importants et que la durée des prêts contractés nous engage sur de longues années. Aussi convient-il de profiter de cet ouvrage de M. OUATTARA pour gagner un temps précieux. Il se peut que vous ne parveniez pas, facilement, à franchir toutes les étapes de votre projet d'investissement. Pour ce faire, il vous faudra sortir de votre zone de confort pour passer à l'action. Réaliser votre projet demande un effort, percevoir l'opportunité dans chaque difficulté et ne pas reculer devant les obstacles pour atteindre les objectifs que vous vous êtes fixés.

La lecture de cet ouvrage devrait achever de vous convaincre que le moment est venu de passer à l'acte et de vous lancer dans l'aventure, puisque vous savez comment négocier, comment convaincre votre banquier, comment éviter les pièges. Le complément de revenu qui va résulter de votre investissement vous permettra de réaliser de nouveaux projets en rentrant dans le cercle vertueux des investisseurs immobiliers ou de vous garantir une retraite plus confortable qui profitera à toute votre famille. Désormais avec toutes les cartes en main, Monsieur Mohamed OUATTARA, vous invite à ne plus reculer. Alors, à vous de jouer !!

Issiaka KONE,

Diplôme d'Études Approfondies (DEA)
Monnaie-Banque-Finance,
Université de Paris II Panthéon Assas_(Paris, France)
Chef de l'Agence Auxiliaire de la BCEAO à Bouaké, République de Côte d'Ivoire

BIBLIOGRAPHIE

- De la République. Extraits, éd. Librairie de Médicis, 149, p.77
- Note d'analyse sur les conditions de financement bancaire de l'habitat dans les pays de l'UEMOA, BCEAO - octobre 2014
- Rapport sur les conditions de banque dans l'UEMOA en 2020, BCEAO - juin 2021
- Siggia Stefano, "Comment l'immobilier est-il utilisé pour le blanchiment d'argent ?", Pideeco - https://pideeco.be, Septembre 2022
- Les Cellules de Renseignement Financier en action, 100 affaires révélées par le Groupe EGMONT, 2001
- Le Dictionnaire des Sciences Economiques, PUF 1956
- Inflation de quoi parlons-nous ?, Dossiers Économie et Statistique no 77, avril 1976
- Le Mag de l'Economie édité par My Beautiful Company - Mentions légales © 2016-2022
- Economie pour tous : pour tout comprendre, L'Harmattan, 2019.

REMERCIEMENTS

● À Monsieur **Téné Birahima OUATTARA**, Ministre d'État Ministre de la Défense de la République de Côte d'Ivoire, mon « oncle » que j'appelle affectueusement Tonton Ibrahim. Je suis témoin du grand respect que vous avez accordé à mon père, votre aîné et Chef de Canton Assehou OUATTARA :

✓ en 2014 à Abidjan, l'intervention chirurgicale qu'il a subie aux yeux pour cause de cataracte a été entièrement prise en charge par vos soins ;

✓ en 2020 et le 12 avril à Kong suite à son rappel à DIEU, ses obsèques organisées dans un contexte difficile de COVID 19 ont été entièrement prises en charge par vos soins ;

✓ en 2021 à Kong et du 22 novembre au 02 décembre, ses funérailles traditionnelles ont été entièrement prises en charge par vos soins.

Vous avez honoré mon père. De son vivant comme après son départ pour l'au-delà.

Soyez-en remerciés et que DIEU vous bénisse abondamment.

En publiant ce témoignage dans mon ouvrage, je souhaite que le monde entier découvre votre haut degré d'humanisme et de solidarité.

Ma reconnaissance vous est acquise.

Ma loyauté vous est acquise.

● À Monsieur **Adama SANOGO**, ancien Député-Maire de la Commune d'Abobo et Fondateur de l'Université

Adama SANOGO, mon « papa » que j'appelle affectueusement Papa Adama. Plus qu'un ami, tu as été ce frère d'une autre mère de mon père Assehou OUATTARA . Envers lui, tu as toujours fait preuve d'une grande humilité, d'un grand respect et surtout d'un amour profond.

Combien de fois as-tu effectué le déplacement pour la ville de Bouaké, accompagné de maman Claire SANOGO ta très maternelle épouse, pour apporter votre soutien moral, matériel et financier papa Assehou, malade ?

Combien de fois as-tu effectué le déplacement pour mon domicile privé sis à Bingerville, toujours accompagné de maman Claire SANOGO, pour apporter votre soutien moral, matériel et financier à papa Assehou pendant sa convalescence ?

Tu aimais vraiment ton frère d'une autre mère et il me semble que le grand amour que tu me portes tire sa source de ton amour profond pour mon père Assehou OUATTARA.

Que DIEU te bénisse abondamment pour ton amour du prochain et ton don de soi.

A mon tour, je t'assure de mon amour filial, mon profond respect et ma grande admiration.

Ma reconnaissance t'est acquise.

- À Monsieur **Roger AKA-AGNIMEL**, Commissaire de Police, mon condisciple de l'Université de Cocody, mon binôme de la cité universitaire de Port-Bouet Phare, mon ami et frère de longue date. Lorsque je vivais à Dakar (Sénégal) dans le cadre de mes études de 3ème cycle en Gestion au CESAG (2001-2003) et qu'il m'arrivait de venir à Abidjan, c'est à ton domicile de Yopougon que je posais mes valises.

De retour à Abidjan en 2003 après l'obtention de mon diplôme, c'est encore toi qui m'as ouvert les portes de ton domicile où tu m'as hébergé durant toute une année calendaire.

Que l'âme de ton épouse, **Constance AKA-AGNIMEL**, rappelée à DIEU en 2017 repose en paix et que son hospitalité vis-à-vis de moi et des miens puisse lui ouvrir les portes du Paradis. Amine.

Quant à toi, je ne te remercierai jamais assez pour ces moments fraternels, pour ton hospitalité, pour ta solidarité.

Notre amitié a certes été brouillée à partir de 2011, pour les raisons que nous savons tous les deux, mais je puis t'assurer de ma reconnaissance éternelle.

Grand merci à tous nos proches qui ont fortement contribué à notre réconciliation en 2017. Que DIEU te bénisse abondamment, qu'IL bénisse tes enfants. Amine.

● À tous mes amis et condisciples du CESAG (2001-2003), à savoir Messieurs :

- **Noumory SIDIBE**, Directeur Général de Côte d'Ivoire Énergies ;

- **Mamadou KONATE**, Coordonnateur de Programmes au Programme des Nations Unies pour le Développement (PNUD), Djibouti ;

- **Andjou Roland N'GUETTA**, Directeur du recouvrement à la Caisse Nationale de Prévoyance Sociale (CNPS), Côte d'Ivoire ;

- **Nazéri Bakary COULIBALY**, Directeur des Ressources Humaines de Côte d'Ivoire Énergies ;

- **Madigbé KABA**, Chef de l'Agence Auxiliaire de la Banque Centrale des États de l'Afrique de l'Ouest (BCEAO) à Daloa, Côte d'Ivoire.

Ainsi que toutes celles et tous ceux que je n'ai pas pu citer. Merci pour votre amitié et votre fraternité à toute épreuve.

- À ma famille professionnelle de la BCEAO :

- Monsieur **Jean-Claude Kassi BROU**, Gouverneur de la Banque Centrale des États de l'Afrique de l'Ouest (BCEAO), mon employeur. Je m'honore de ce que mon projet d'écriture coïncide avec la prise de fonction de Monsieur le Gouverneur en 2022 et je lui souhaite plein succès dans la conduite de sa mission ;

- Monsieur **Chalouho COULIBALY**, Conseiller du Gouverneur, Directeur National de la BCEAO pour la Côte d'Ivoire, ma hiérarchie, pour la qualité de son encadrement ;

- Monsieur **Bléoué Toussaint DAMOH**, Conseiller du Directeur Général de l'Économie et de la Monnaie, Directeur de la Conjoncture Économique et des Analyses Monétaires, mon ami de longue date et des moments difficiles. Merci pour tout ;

- Monsieur **Salifou OUEDRAOGO**, Cadre Supérieur à la BCEAO (en position de détachement auprès du Gouvernement ivoirien) et Conseiller Spécial du Ministre du Budget et du Portefeuille de l'État, mon ami de longue date et des moments difficiles. Merci pour tout ;

- Au Comité de lecture de mon manuscrit :

Il s'agit de tous ces experts en économie, banque et finance, qui ont bien voulu répondre favorablement à mon invitation pour des contributions critiques et scientifiques, afin d'affiner le contenu de l'œuvre. Nul doute que leurs nombreux inputs de qualité ont contribué à obtenir cet ouvrage au contenu particulièrement riche, avec deux préfaces et deux postfaces (fait inédit). Au nombre de sept (07), je veux les citer nommément pour leur exprimer ma profonde gratitude :

- **Guillaume LIBY**, Fondateur du Cabinet William Khamey Advisor, ex-Directeur Général de la Banque Panafricaine UBA et auteur de l'ouvrage “Économie pour tous : pour tout comprendre”, L'HARMATTAN, 2019 ;

- **Lucien CAMARA**, Citoyen américain et Chef d'entreprise, Fondateur de l'Observatoire Libre des Banques Commerciales de Côte d'ivoire (OLBCI, Groupe Facebook composé de plus de 68 mille membres), Maître de conférences à l'Institut Technique de Banques de Paris (ITB, 2006-2019) et auteur de plusieurs ouvrages dont :

- La gestion des risques dans les Institutions de Microfinance ;
- Devenez charismatique : apprenez à parler en public (disponible sur www.amazon.fr) ;
- Le FOREX, un métier d'avenir en Afrique.

- **Landry Kader DIALLO**, Directeur du Réseau et des Particuliers chez BRIDGE BANK GROUP Côte d'Ivoire (BBG) ;

- **Issiaka KONE,** Chef de l'Agence Auxiliaire de la BCEAO à Bouaké, Côte d'Ivoire ;

- **Alphonse Gbè SAMADE**, Chef du Service des Publications au Centre Ouest-Africain de Formation et d'Études Bancaires (COFEB sis au Siège de la BCEAO, Sénégal) ;

- **Alexis KOUASSI,** Contrôleur Interne du Centre Africain d'Études Supérieures en Gestion (CESAG, Sénégal) ;

– **Navaga OUATTARA ,** Expert-comptable Inscrit à l'Ordre des Experts- comptables de Côte d'Ivoire et à l'Ordre des Experts-comptables de Paris, Île de France, Directeur Technique et Associé du Cabinet d'Expertise Comptable, AXE Expertises.

● À mon Parrain et témoin de mariage (civil), le Préfet Hors Grade **L. Joseph GNEKRE**, ainsi qu'à son épouse **Viviane GNEKRE**, Administrateur Principal des Services Financiers, par ailleurs témoin de mariage de mon épouse à notre mariage (civil). Vous demeurez pour nous des modèles et nous essayons humblement de suivre vos traces. Que DIEU vous bénisse abondamment.

TABLE DES MATIERES

Structures éditoriales du groupe L'Harmattan

L'Harmattan Italie
Via degli Artisti, 15
10124 Torino
harmattan.italia@gmail.com

L'Harmattan Hongrie
Kossuth l. u. 14-16.
1053 Budapest
harmattan@harmattan.hu

L'Harmattan Sénégal
10 VDN en face Mermoz
BP 45034 Dakar-Fann
senharmattan@gmail.com

L'Harmattan Cameroun
TSINGA/FECAFOOT
BP 11486 Yaoundé
inkoukam@gmail.com

L'Harmattan Burkina Faso
Achille Somé – tengnule@hotmail.fr

L'Harmattan Guinée
Almamya, rue KA 028 OKB Agency
BP 3470 Conakry
harmattanguinee@yahoo.fr

L'Harmattan RDC
185, avenue Nyangwe
Commune de Lingwala – Kinshasa
matangilamusadila@yahoo.fr

L'Harmattan Congo
219, avenue Nelson Mandela
BP 2874 Brazzaville
harmattan.congo@yahoo.fr

L'Harmattan Mali
ACI 2000 - Immeuble Mgr Jean Marie Cisse
Bureau 10
BP 145 Bamako-Mali
mali@harmattan.fr

L'Harmattan Togo
Djidjole – Lomé
Maison Amela
face EPP BATOME
ddamela@aol.com

L'Harmattan Côte d'Ivoire
Résidence Karl – Cité des Arts
Abidjan-Cocody
03 BP 1588 Abidjan
espace_harmattan.ci@hotmail.fr

Nos librairies en France

Librairie internationale
16, rue des Écoles
75005 Paris
librairie.internationale@harmattan.fr
01 40 46 79 11
www.librairieharmattan.com

Librairie des savoirs
21, rue des Écoles
75005 Paris
librairie.sh@harmattan.fr
01 46 34 13 71
www.librairieharmattansh.com

Librairie Le Lucernaire
53, rue Notre-Dame-des-Champs
75006 Paris
librairie@lucernaire.fr
01 42 22 67 13

www.ingramcontent.com/pod-product-compliance
Lightning Source LLC
LaVergne TN
LVHW051402061026
849535LV00009B/3311
9782336467689